Mulher VIRTUOSA

DE PROVÉRBIOS 31

SSM
Edições
2025

FONTES:
As citações Bíblicas foram extraídas da tradução de Almeida, Edição Revista e Atualizada. Da Bible Software The Word

SILMAR SILVA MOREIRA

Mulher VIRTUOSA
DE PROVÉRBIOS 31

1ª EDIÇÃO
INDEPENDENTE
JI-PARANÁ
2025

Publicação Independente por
Silmar Silva Moreira

Revisão
Rosélia Soares Araújo

Capa
SSM Edições

Foto da Capa
Canva.com

Ficha Catalográfica elaborada pelo autor.

MO 835 Moreira, Silmar Silva, 1961.

Livro: A MULHER VIRTUOSA DE PROVÉRBIOS 31;
Silmar Silva Moreira; Imagens: Canva.com;
1. ed. Ji-Paraná/RO. Edição Independente, 2025.

220 P; 14 x 21
Inclui Bibliografia.
ISBN: 978-65-01-28408-8

I Título.

1.Preâmbulo sobre o feminismo
2.O espírito de Jezabel
3.O projeto de Deus

CDD 241.6
CDU 2-18

Título:

A MULHER VIRTUOSA DE PROVÉRBIOS 31.

Publicação Independente
Rua Castanheira, 2402 Nova Brasília Ji-Paraná/RO
CEP: 76908-658

Fones: (69) 98469-2453 e (69) 3424-2606

DEDICAÇÃO:

A Todas as mulheres que tem andado conforme a Palavra de Deus, tem se dedicado as suas casas e suas famílias e que procedem com sabedoria seguindo a Cristo e temendo a Deus.

A Mulher Virtuosa de Provérbios 31

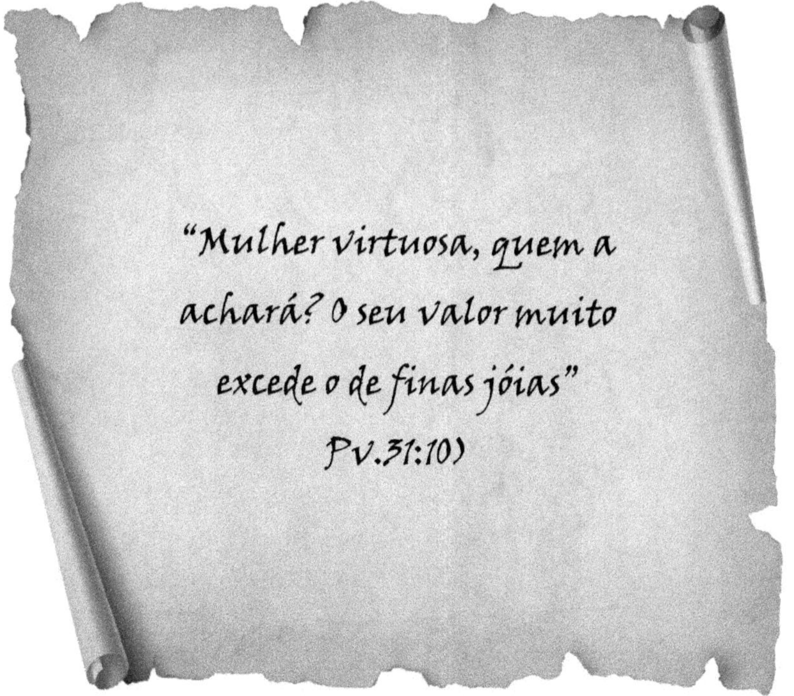
"Mulher virtuosa, quem a achará? O seu valor muito excede o de finas jóias"
Pv.31:10)

SUMÁRIO

A Mulher Virtuosa de Provérbios 31

PREFÁCIO

Falar deste assunto no contexto em que vivemos é algo que pode até parecer antiquado, machista e até mesmo pretencioso, mas a proposta desta obra é apresentar um contraste entre a mulher virtuosa segundo Deus e a mulher com virtudes segundo o mundo. Às vezes pode parecer que tal mulher não existe, pelo tanto que as suas características foram se extinguindo por causa da pregação feminista deste presente século. Mas, como tudo o que Deus faz é perene, ela existe sim! Embora a sua apresentação venha acompanhada de uma argumentação: "Quem a achará?", ela está descrita em Provérbios 31 com todas as suas nuances. Quando a Bíblia usa a expressão "virtuosa", não está dizendo que as mulheres que embora não estejam coerentes com a descrição de Provérbios 31, não tenham virtudes, acredito que o que a Bíblia está nos apresentando é uma mulher virtuosa segundo Deus, aquela que está disposta em usar toda a sua capacidade, sua competência e sua inteligência para fazer a vontade do Senhor, aquela que está focada em sua missão, que fora dada por Deus quando a criou. O que vemos a respeito da outra mulher, é que o seu foco é o que prega este presente século, ser empoderada, buscar a sua auto capacitação, competência e focar em seu profissionalismo. Essa mulher está pensando em si mesma, mesmo que em determinada circunstância ela tenta fazer as duas coisas, a chamada dupla jornada, jamais conseguirá ser virtuosa nas duas esferas. Talvez seja por esta razão que a Palavra de Deus começa a apresentação da mulher virtuosa segundo Deus, com essa argumentação: "Quem a achará?"

Nesta obra, pretendo mostrar que já na criação Deus determina a missão da mulher e a Palavra Apostólica, define claramente o seu papel enquanto esposa, mãe e dona de um lar. Mostro que satanás com a sua sagacidade ao longo dos séculos, levantou movimentos, incluindo a mulher, com a finalidade de desvirtuar a sua missão e nesta movimentação, algumas mulheres compraram a ideia e através desses movimentos, apresenta ao mundo outro projeto através do qual propõe reconfigurar a família, empoderar a mulher e dar a ela a falsa ideia de libertação.

Infelizmente vivemos em um mundo onde estes intentos foram em parte alcançados, e a sociedade vive em uma verdadeira inversão de valores. Algumas mulheres estão competindo com os homens, alguns homens cedendo as ideias feministas, alguns casamentos sendo desfeitos, filhos confusos, enfim! Uma sociedade toda atrapalhada devido a adesão de um projeto insano lançado por satanás.

A esperança do Senhor é a Igreja, este organismo vivo chamado de "família de Deus", composta por pessoas que decidiram fazer a vontade de Deus. E é neste contexto onde podemos encontrar a tão sonhada mulher virtuosa descrita em Provérbios 31.

Silmar Silva Moreira

INTRODUÇÃO

Ao falarmos da mulher virtuosa, necessário se faz sabermos o que exatamente significa a palavra "virtude". Os gregos entendiam que a virtude é um traço de caráter que é valorizado socialmente. Uma virtude moral é um traço que tem valor moral associado. A virtude tem origem na Grécia com a palavra (αρετη - areté), que também pode ser traduzida como excelência. É a mesma palavra usada pelo apóstolo Pedro em sua segunda carta quando instrui a igreja dizendo: *"e vós também, pondo nisto mesmo toda a diligência, <u>acrescentai à vossa fé a virtude (αρετη), e à virtude</u>, a ciência, e à ciência, a temperança, e à temperança, a paciência, e à paciência, a piedade, e à piedade, o amor fraternal, e ao amor fraternal, a caridade. Porque, se em vós houver e aumentarem estas coisas, não vos deixarão ociosos nem estéreis no conhecimento de nosso Senhor Jesus Cristo"* (II Pe.1:5-8). O mesmo apóstolo Pedro, quando fala da nossa posição com relação ao propósito de Deus, utiliza da mesma palavra (αρετη), para falar das virtudes de Deus. *"Vós, porém, sois raça eleita, sacerdócio real, nação santa, povo de propriedade* *exclusiva de Deus, a fim de proclamardes as <u>virtudes</u> (αρετη), daquele que vos chamou das trevas para a sua maravilhosa luz"* (I Pe.2:9). Foi traduzida para o latim como (virtus), que é a sua raiz em português. Filosoficamente os gregos pregavam que uma virtude é uma característica de excelência, incluindo características que podem ser morais, sociais ou intelectuais. O cultivo e o refinamento da virtude são considerados o "bem da humanidade" e, portanto, são valorizados como um propósito final da vida ou um princípio fundamental do ser.

Virtudes, segundo o Aurélio, são disposições constantes do espírito, as quais, por um esforço da vontade, inclinam à prática do bem. Aristóteles afirmava que há duas espécies de virtudes: a intelectual e a moral. Nela se expressa àquilo que se conforma com o considerado correto e desejável do ponto de vista da moral, da religião, do comportamento social etc. É uma conformidade com o bem, com a excelência moral ou de conduta. São qualidades e hábitos capazes de levar alguém à excelência, ou seja, ao que há de melhor na condição humana. A virtude é entendida por Aristóteles como uma prática e não como sendo mero conhecimento ou algo natural que cada ser humano possui, sendo essa a razão pela qual se faz necessária a sua prática constante como um hábito. A prática da virtude inclina a pessoa para o bem.

Creio que estas definições nos ajudarão a desmistificar a expressão "mulher virtuosa", que embora a própria Palavra desafie a sua descoberta usando a argumentação "quem a achará?" Ela é nada mais nada menos do que uma mulher que põe em prática todas as obras que devem ser feitas associadas a sua missão, em obediência a Palavra de Deus e as pratica com excelência. Portanto, uma mulher que embora esteja fazendo algo bom e com excelência poderá ser reconhecida secularmente como uma mulher inteligente, capaz e competente, mas se os seus feitos a priva de administrar a sua casa, cuidar dos seus filhos e assistir o seu marido, para Deus, ela jamais se enquadrará na condição de uma "mulher virtuosa", pois não estará fazendo de acordo com a sua vontade, em aderência ao que está proposto em Provérbios 31. Ela poderá ser considerada virtuosa para o mundo, por que a palavra virtude em seu significado original (αρετη – do grego), ou (virtus – do latim) é "Excelência", qualquer ato moral, social ou intelectual praticado com excelência, é virtude. Como estamos falando da "mulher virtuosa de Provérbios 31", aquela que é descrita pela Palavra de Deus como a mulher ideal, aquela que Deus criou; todos os seus atos são feitos com excelência, voltados para a vontade divina.

Algo parecido se dizia de Jesus por seus feitos; o evangelista Marcos registra a admiração do povo pela excelência com a qual Ele operava os seus milagres.: *"E, admirando-se sobremaneira, diziam: Tudo faz bem feito; faz ouvir os surdos e falar os mudos"* (Mc.7:37). Essa expressão: "tudo faz bem feito" é a mesma que em outra versão diz: "tudo faz esplendidamente bem". A palavra grega aqui é (καλως-*kalos*)*,* que significa: belamente, finamente, excelentemente bem, nobremente e corretamente, de forma a não deixar espaço para reclamação. Ou seja, ser virtuoso ou virtuosa, é fazer o bem, e fazer com excelência.

A Bíblia em Provérbios 31 descreve esta mulher como uma mulher forte, habilidosa, diligente, bondosa, atenciosa, benigna, amorosa, caridosa e temente a Deus. Nota que todas essas ações são praticadas com virtude, ou seja, com excelência e estão voltadas para a sua casa, o seu lar, a sua família e nunca para si própria, e esta é a grande diferença entre a mulher virtuosa para o mundo e a mulher virtuosa para Deus, esta faz tudo por sua casa a fim de agradar a Deus e aquela, está focada nos seus projetos pessoais.

Esta mulher é aquela que entendeu que ao se tornar uma discípula de Cristo, uma mulher de Deus, deve renunciar tudo, a sua vida deverá ser conformada, não a este mundo, mas à vontade divina. Ela está preocupada em como agradar a Deus e fazer a sua vontade. Está comprometida com os rogos do apóstolo Paulo na sua carta aos Romanos quando diz: *"Rogo-vos, pois, irmãos, pela compaixão de Deus, que apresenteis o vosso corpo em sacrifício vivo, santo e agradável a Deus, que é o* vosso culto racional. *E não vos conformeis com este mundo*, mas transformai-vos pela renovação do vosso entendimento, para que experimenteis qual seja a boa, agradável e perfeita vontade de Deus" (Rm.12:1-2).

Capítulo 1
PREÂMBULO SOBRE O FEMINISMO

"O movimento feminista foi uma assertiva de satanás para sedução e corrupção das mulheres usando-as como instrumento para degeneração da família" (Silmar S. Moreira).

Sem pretender apresentar um exaustivo relato histórico sobre o feminismo, mas apenas um preâmbulo deste, faço-o por entender ser importante a compreensão deste movimento e as suas implicações como agente de transformação e deturpação social desde a sua origem. Alguns entendidos do assunto consideram que, foi a partir do século XV que começou a surgir as primeiras ideias que seriam os primeiros embriões que dariam corpo e forma a este infame movimento que começou com a contestação dos direitos civis, em especial os relativos à repartição da propriedade, às disparidades contratuais do casamento, o direito ao sufrágio universal, bem como da participação feminina na política.

Dando corpo cada vez mais aos ideais feministas, essas vindicações ficaram mais fortes com o surgimento de vários escritos da época, publicados por mulheres com ideias feministas como: **Cristine de Pisan,** a qual pretendeu apresentar uma alternativa como contra resposta a um mundo que segundo ela era de dominação masculina; surge depois a obra de **Laura Cereta,** sobre educação e matrimônio, e a partir desse viés **Marie de Gournay**, que escreveu o tratado de educação e instrução como forma de libertação às mulheres da dependência masculina. Este assunto sofreu uma tenaz evolução, sendo perpetuado por **Poullain de La Barre**, que tornou o assunto como tema central da sua obra, falando sem rodeios e cunhando a célebre frase: "a mente não tem sexo". O direito à propriedade, que também era um item da pauta feminista, foi lembrado e defendido pela britânica **Lady Anne Clifford**, que atuou com força na defesa da repartição da propriedade e abrindo caminhos para o direito à herança de bens.

Embora vemos aqui uma grande movimentação para a época, não vemos ainda o movimento feminista, mas apenas um começo, inicializado pelo levantamento de algumas bandeiras e pela manifestação de algumas mulheres que tiveram ousadia para contestar, essa movimentação que começou no século XV se sustentou até o século XVII, exatamente com as expressões de muitas escritoras dentre as quais essas que foram citadas.

O século XVIII foi o receptor dos primeiros sinais daquilo que ficou conhecido como "protofeminismo". Esta palavra, que pode ser considerada uma neologia, tem em sua construção o prefixo grego "πρῶτος – protos" (comumente traduzido como 'primeiro', 'inicial' ou 'anterior'), definindo que essas movimentações são manifestações que antecederam o que oficialmente ficou conhecido depois como "feminismo".

Inimiga declarada do regime monarquista **Mary Wollstonecraft**, publicou em 1792 a obra que inaugurou o movimento feminista, chamada de *"Reivindicação dos direitos da mulher"*. Essa obra foi considerada o marco inicial da primeira etapa do feminismo. Mary destacou os elementos fundamentais para a causa do movimento e pretendeu informar que as mulheres deveriam se posicionar em quatro atuações que formariam o escopo do movimento: discussões sobre os direitos humanos, os ideais republicanos, as condições jurídicas da mulher como esposa e a sua educação.

Ela presumira que, quando os revolucionários falavam em "homem", eles estavam usando uma abreviação para toda a humanidade. Mas então, no dia 10 de setembro de 1791, o antigo bispo de Autin defendeu que as escolas estatais deveriam terminar na oitava série para as garotas, mas fossem adiante para os rapazes. Isso deixou claro para Wollstonecraft que, apesar de toda a conversa sobre direitos iguais, os revolucionários franceses não tinham a intenção de ajudar as mulheres, de nenhum modo significativo. Ela começou então a planejar seu livro mais famoso: Uma Reivindicação pelos Direitos da Mulher.

Contestava as leis que segundo ela fazem de um homem e sua esposa uma unidade absurda; e então, pela simples transição de considerar apenas ele como responsável, ela é reduzida a um nada. Externou seu pensamento dizendo: Como um ser pode ser generoso se não tem nada que é seu? Ou virtuoso se não é livre?". Lançou uma das primeiras reivindicações pelo sufrágio feminino: "Eu realmente acredito que as mulheres devem ter representantes, ao invés de serem governadas arbitrariamente, sem que possam participar diretamente de parte alguma das deliberações do governo".

Wollstonecraft refutou veementemente o pensamento daqueles que, queriam manter as mulheres submissas e que diziam que "a educação das mulheres deveria ser pensada em relação aos homens; em como os agradar, serem úteis a eles, em fazê-los amá-las e prezá-las; em como educá-los quando jovens e cuidar deles quando crescerem; em como aconselhá-los, consolá-los, e como tornar a suas vidas fáceis e agradáveis; pensamentos que afirmavam serem estes os deveres constantes das mulheres, e que seria isso o que elas deveriam aprender na infância".

Wollstonecraft acreditava que a educação poderia ser a salvação das mulheres: "o exercício do entendimento é necessário; não há outro fundamento para a independência de caráter. afirmava explicitamente que elas deveriam se sujeitar somente à autoridade da razão, ao invés de serem humildes escravas da opinião". Ela insistia que as mulheres deveriam estudar assuntos sérios, como leitura, escrita, aritmética, botânica, história natural e filosofia moral; ela recomendava também exercícios físicos vigorosos para auxiliar o estímulo da mente.

Defensora incansável da eliminação dos obstáculos ao sucesso das mulheres. Wollstonecraft afirmava que "a liberdade é a mãe da virtude; e se as mulheres forem naturalmente escravas, e não puderem respirar o revigorante ar da liberdade, então elas deverão ser eternamente desprezadas como seres exóticos, como belas falhas da natureza".

Ela antevia um futuro em que as mulheres seriam livres para seguir qualquer oportunidade profissional. Embora considerasse que as mulheres comuns são chamadas a desempenhar os papéis de esposas e mães, por motivos intelectuais e religiosos, dizia: "Não posso deixar de lamentar que as mulheres de um tipo superior não tenham à sua disposição um caminho que as leve a ambicionar um grau maior de utilidade e independência. Quantas mulheres desperdiçaram desse modo sua vida vítimas da infelicidade, quando poderiam ter atuado como médicas, administrando comércios, dirigido fazendas, erguendo-se por meio do próprio esforço, ao invés de baixarem o rosto, encharcadas com o orvalho da sensibilidade".

Wollstonecraft se queixava de que as mulheres sempre tiveram uma vida muito fácil em relação a que levavam os homens, e que delas nunca fora exigido mais que uma aparência superficial. Mas concordou que de fato as mulheres sempre foram providas com comida e roupas sem empreender esforço algum para as terem, mas observou que esse era um privilégio das nobres burguesas, pois as mais pobres sempre trabalharam arduamente para as conseguirem, sobretudo no campo. Wollstonecraft criticava as madames que gastavam o seu tempo com futilidades da moda, enquanto havia mães que se sacrificavam na confecção das poucas peças que cobriam a nudez dos seus filhos.

As ideias feministas de Wollstonecraft foram a influência principal neste primeiro momento, fazendo com que os seus pensamentos provocassem algumas inquietações na sociedade, desde a educação das mulheres, o direito ao voto e a igualdade no casamento, em particular o direito das mulheres casadas a dispor de suas propriedades, até o direito de se profissionalizarem.

Seguindo a filosofia de Wollstonecraft, surge outros nomes que foram os expoentes do movimento feminista como: **Elizabeth Stanton, Lucrecia Mot, Betty Friedan. Alexandra Kollontai,** e a feminista francesa **Simone de Beauvoir,** cada uma dessas, levantou questões e pensamentos sobre diversos segmentos na tentativa de elevar o papel e a condição da mulher na sociedade.

Elizabeth Stanton e **Lucrecia Mott** começaram reuniões com pautas feministas. As duas principais pautas foram: luta pelo voto feminino e ingresso da mulher no mercado de trabalho. Depois veio a ideia de que a dona de casa era vista como uma escrava, que se limitava aos cuidados domésticos, a criação de filhos e dependência total do marido.

A feminista **Betty Friedan** escreveu em seu livro que, a condição de dona de casa era tão perigosa para a saúde mental da mulher, quanto viver em um campo de concentração nazista. Escreveu também, que a devoção de uma mulher ao marido e aos filhos é um sacrifício de tanta grandeza que, inevitavelmente, atrasa seu crescimento como indivíduo, é uma ocupação ingrata que a impede de usar sua inteligência em benefício da sociedade. **Alexandra Kollontai**, feminista russa admitiu que a mulher tornou-se duas vezes oprimida, uma pelo exaustivo trabalho doméstico e outra pelo seu ofício de operária, trazendo sobre si a chamada dupla jornada. A solução para este fato foi a grande família operária, todas as mulheres e homens socialistas, formariam uma única família ligada ao estado, para eliminar a necessidade do trabalho doméstico e dos filhos. O estado seria responsável pelo cuidado e educação dos filhos; surge aqui o embrião do projeto creche de tempo integral, a terceirização da criação dos filhos. Neste cenário aparece a declaração da **feminista francesa, Simone de Beauvoir** que disse: "Nenhuma mulher deveria ser autorizada a ficar em casa para criar os filhos, elas não deveriam ter esta escolha". Por causa dessa declaração, a repulsa pela maternidade, o controle da natalidade, a opção declarada pelo aborto vira a obsessão do movimento. Todas essas nuances, estão diretamente relacionadas com os ataques a Deus, através da desconstrução da família pelo desvirtuamento dos princípios a ela aplicados.

Todas essas pautas visavam a nulidade da figura masculina, o empoderamento da figura feminina e a sua exaltação no seu papel social. Embora o alvo principal deste movimento fosse anular a figura do homem, como líder, cabeça e provedor, a própria Simone de Beauvoir afirmou que: as manifestações feministas nunca passaram de agitações simbólicas, "só ganharam o que os homens concordaram em lhes conceder, elas nada tomaram; elas receberam". Alexandra Kollontai em seu livro: A família e o comunismo, afirmou que a verdadeira liberdade das mulheres relativamente a seus maridos, só seria uma realidade se tornassem dependentes do Estado, ou seja, elas deveriam trocar uma dependência pela outra, alegando que o estado era mais justo, e interessado na felicidade das mulheres do que os próprios maridos. Com essa afirmativa, surge no cenário a união ideológica mais perigosa e nefasta do século XIX: Feminismo e Marxismo.

Essa união se fortaleceu no combate a família e na avidez por seu desvirtuamento e por fim, sua destruição.

Muitas outras filósofas comunistas e feministas surgiram no cenário, defendendo e aprimorando as pautas já existentes e levantando outras bandeiras como: a legalização do aborto, da união homoafetiva, do reconhecimento da pedofilia como uma doença a ser tratada e não como o crime passível de condenação, da ideologia de gênero e da extinção total do cristianismo.

A melhor definição de feminismo, e a sua finalidade, foram dados pela autora do livro "Feminismo: Perversão e Subversão", Ana Caroline Campagnolo, quando escreveu:

> Por trás do discurso feminista de igualdade de gênero e por trás de toda a produção supostamente científica dos intelectuais ativistas, o que encontramos é isto: linguagem como ferramenta subversiva, incentivo ao padrão gay e lésbico, pornografia, filmes eróticos de adultério, experiências com molestamento de crianças, produção audiovisual de pedofilia, acobertamento de criminosos, incentivo ao incesto e toda sorte de perversão sexual. Esta é a realidade e a base do movimento feminista, do qual sempre ouvimos falar em tons amenos e com cartazes de conscientização limpos, coloridos e chamativos. O feminismo é, ao mesmo tempo, uma experiência, um método e um fim, todos perversos. Seus caminhos de legitimação vêm destruindo crianças, casais e famílias inteiras desde o início do século XX. (Campagnolo, págs. 268 e 269 – 2019).

Campagnolo, ao conduzir a sua ideia em uma obra tão completa e relevante, mostra todos os perigos deste movimento, as suas audaciosas façanhas, as suas perversões e subversões, bem como os seus interesses, e como serviu como apoio para outras pautas, como vimos no seu texto anterior, refletido como a base para sua estruturação. Ela, portanto, mostra que o seu objetivo era levar o seu leitor a compreender a finalidade deste famigerado movimento e a sua contribuição para o alcance de todos os seus objetivos perversos:

> Quero convencer o meu leitor de uma verdade apenas: o feminismo é um movimento político que contribui para o desenvolvimento e a crescente amargura entre os sexos, acelera a desagregação familiar, induz à eterna insatisfação e à libertinagem sexual, valendo-se para isso de discursos sofistas, pesquisas fajutas e manchetes tendenciosas, geralmente à custa do dinheiro de contribuintes alheios ou contrários a tais objetivos. (Campagnolo, P.375 - 2019)

Não pretendendo ser exaustivo no assunto, apenas propus expor esse preâmbulo para mostrar como o feminismo mudou os rumos da nossa história; finalizo aqui este capítulo, com o intuito de apenas mostrar como satanás trabalha incansavelmente de tempos em tempos, transpondo décadas e séculos para alcançar os seus objetivos. Hoje o mundo está tomado por ideias comunistas e feministas, a sociedade sofrendo com a perversão e subversão implantada pelo feminismo e se

...tindo ferida em seu padrão moral e fragmentada em seus princípios. O espírito de Jezabel invadiu o mundo com as suas perversões e subversões. Mas, Deus continua firme em seu propósito, e a família que tem sido alvo de todos esses ataques, continua sendo e sempre será o seu grande projeto.

---

*Parte do conteúdo deste capítulo foi elaborada sob pesquisa no livro FEMINISMO: Perversão e Subversão da escritora Ana Caroline Campagnolo Vide Editorial - 1º Edição - 2019.

Capítulo 2

O ESPÍRITO DE JEZABEL

"O espírito de Jezabel não só leva os seus adeptos a adoração de falsos deuses, mas também ensina doutrinas falsas e enganosas que desviam os fiéis da adoração e devoção ao Deus verdadeiro" (Silmar Silva Moreira).

A expressão do apóstolo João que diz: O mundo jaz no maligno, nos dá uma clara ideia daquilo que acontece no sistema deste mundo. Todos os artifícios, mecanismos e estratégias de satanás é uma clara conspiração contra Deus e tudo aquilo que está relacionado a Ele.

Os servos de satanás são espíritos malignos, enganadores, cheio de crueldade e malignidade em suas ações e estão prontos para cumprirem as ordens do seu mestre no tempo que forem designados. É certo que por trás de cada má ação de um ser humano pode ter um espírito desses, tramando ou efetuando ações como cumprimento das ordens que recebem do seu mestre.

Esse movimento feminista, assim como os outros movimentos tanto os sociais, os culturais, como políticos que já surgiram em várias épocas e que se estendem até os dias atuais, foram empreendidos por satanás, a fim de alcançar o seu objetivo de desvirtuamento, degradação e até destruição da família, em um ataque frontal contra este organismo sagrado criado por Deus. Para tanto, satanás arregimenta seus espíritos malignos para aliciar, induzir, seduzir e corromper pessoas que não temem a Deus e até aquelas ignorantes e de fácil manipulação. Vemos essas ações claramente na declaração de Jesus na cruz, olhando para aquelas pessoas que o injuriavam e insultavam com palavras e até aqueles que o feriram. O bom Mestre ergue os olhos para os céus e diz: "Pai, perdoa-os, pois eles não sabem o que fazem". No salmo 22, Davi profetiza esse momento e registra: *"Muitos touros me cercaram, fortes touros de Basã me rodearam"* (Sl.22:12) e ainda *"Pois me rodearam cães: o ajuntamento de malfeitores me cercou, traspassaram-me as mãos e os pés"* (Sl.22:16), fazendo alusão a demônios, espíritos malignos que naquele momento usavam e incitavam aquelas pessoas contra a sua vida.

O espírito de Jezabel, há séculos vem atuando na sociedade de forma sutil e sorrateira, a fim de alcançar o que satanás tanto desejou. A destruição da família. Esse espírito maligno tem como preferência usar as mulheres para conseguir os seus intentos. Desde os dias de Acabe

Rei de Israel, esse espírito se apossou da sua esposa Jezabel, filha de Etbaal rei de Tiro e Sidon, e sacerdote de Baal. Essa mulher subjugou Israel a um ritual de idolatria e culto a Baal, culminando em um grande afastamento de Deus. Desde então, a sua intenção sempre foi de usar mulheres em todas as épocas para irem minando princípios e padrões que foram estabelecidos como formato da sociedade civil organizada. O movimento feminista foi a sua maior assertiva, como vimos no capítulo anterior, desde as pequenas frases feitas, os pensamentos filosóficos, as investidas insistentes, os livros e matérias escritas até as mais tenazes agressões em todas as épocas, deram lhe forma no século XIX, e chegou até os dias atuais, se elevando em seu ápice quando se juntou ao marxismo cultural.

O espírito de Jezabel não só leva os seus adeptos a adoração de falsos deuses, mas também ensina doutrinas falsas e enganosas que desviam os fiéis da adoração e devoção ao Deus verdadeiro. Sob a sua influência as lideranças das igrejas, bem como todos os seus seguidores são seduzidos por práticas e crenças que se opõem a Deus e contrariam a essência do Evangelho verdadeiro, corrompendo a integridade espiritual e desafiando os princípios fundamentais e basilares da fé cristã.

A batalha contra esse espírito é uma luta constante, sempre procurou destruir a obra de Deus e a fé do seu povo através dos seus atos malignos e da sua dominação a mulheres que se renderam a sua sedução.

Embora não podemos ter certeza da identidade de Jezabel revelada no livro do Apocalipse capítulo 2 no versículo 20, presumimos que ela é uma similar da Jezabel citada nas Escrituras hebraicas. A sua história é encontrada no primeiro e segundo livro dos Reis ela era filha de Etbaal rei de Tiro e Sidon e Sacerdote do culto a Baal, um falso deus cruel sensual e repugnante cuja adoração envolvia degradação sexual e luxúria. Acabe, rei de Israel, casou-se com Jezabel e conduziu a nação à adoração de Baal.

O espírito de Jezabel nas atitudes

Jezabel é conhecida por três atitudes que a caracterizam e podem definir o que se entende por espírito de Jezabel. **A <u>primeira atitude</u> é a sua paixão obsessiva por dominar e controlar as pessoas**, especialmente no reino espiritual. Quando se tornou rainha, iniciou uma campanha incansável contra todas as evidências de adoração a Deus, ordenou o extermínio de todos os profetas do Senhor e substituiu os seus altares pelos de Baal. O profeta Elias foi o inimigo que mais a resistiu, ele exigiu um confronto no Monte Carmelo entre os poderes do Deus de Israel e os poderes dessa rainha maligna, Jezabel, e dos sacerdotes de Baal. Neste confronto, Elias provou que Deus era o Deus verdadeiro e que Baal era um falso deus.

A segunda atitude é a sua determinação obstinada de conseguir o que se deseja não importando os meios e está relacionado com um episódio que envolve um homem justo chamado Nabote que havia recusado vender as suas terras ao rei Acabe, as quais situavam vizinhas ao palácio. Vendo a lamentação de Acabe, Jezabel o ridicularizava e zombava da sua fraqueza, depois conspirou contra Nabote com falsos testemunhos de blasfêmia e mandou que fosse apedrejado até a morte. Feito isso, as terras passaram para as posses do Rei. Esta determinação obstinada de conseguir o que se deseja não importando quem seja destruído no caminho, é uma característica do espírito de Jezabel.

A terceira atitude é a imoralidade sexual e a idolatria; essa prática fazia parte dos prazeres pessoais de Jezabel e eram tão infames que o próprio Senhor Jesus menciona o nome Jezabel em uma advertência a Igreja de Tiatira dizendo: *"mas tenho algumas coisas contra você, que toleras aquela mulher Jezabel, que se diz profetisa, ensinando e seduzindo meus servos a cometer fornicação e a comer coisas sacrificadas aos ídolos"* (Ap.2:20). Nesta advertência Jesus descreve uma mulher que era influente naquela igreja, que usava a posição a qual ela se elevou para atrair os membros da igreja ao pecado. Tudo isso é uma cópia da Jezabel do Antigo Testamento, que também influenciou os israelitas a se tonarem corruptos e idólatras. Em Tiatira, essa mulher estava ensinando os membros da igreja a serem amigos do mundo, e todos sabem que a amizade do mundo equivale a inimizade contra Deus (Tg.4:4).

A atuação desse espírito no mundo tem sido algo alarmante. Manifestando as características das atuações de Jezabel, ele tem seduzido mulheres a assumirem papéis e desempenhar funções que não são delas, e com isso tem conseguido inverter valores, corromper princípios e deturpar padrões. Seguindo os atos de Jezabel tais como: dominação obsessiva, obstinação em suprir seus desejos a qualquer custo e em casos extremos, a prática da imoralidade sexual e da idolatria.

A busca da equidade de gênero por mulheres feministas, tem sido a tônica no presente século; as mulheres estão cada vez mais atuantes em todos os segmentos da sociedade, competindo com os homens e buscando valores que não são aqueles que deveriam buscar. Estão assumindo papéis que não são delas, por conta disso, aquilo que elas deveriam fazer, não está sendo feito, o seu papel principal não está sendo assumido e assim, a sociedade vai se degradando em sua estrutura moral, sendo cada vez mais desgastada por conceitos imorais, e a sua estrutura ética vai se diluindo em um mar de ideias deturpadas e ideologias degradadas.

As mulheres deste século estão dominando de forma obsessiva, levando a sociedade a crer que elas são tão capazes e aguerridas quanto os homens. E enquanto vão assumindo seus papéis dentro desses conceitos feministas, os homens vão sendo rebaixados e vão deixando de ser protagonistas aonde de fato deveriam ser; se tornam coadjuvantes em uma sociedade preparada para ser governada por mulheres, enquanto isso, o protagonismo das suas casas ficaram fragmentados, e a cargo da escola doutrinada, na educação de seus filhos, de babás e empregadas sem nenhuma habilidade para tais cuidados, das telas dos celulares e das sugestões das redes sociais.

A sua insistência em querer suprir os seus desejos a qualquer custo, dá a elas o título de mulheres guerreiras, lutadoras, habilidosas, mas por trás desses adjetivos está o espírito de Jezabel, instigando-as a avançar nessas conquistas, convencendo-as de que isso é o que devem buscar e não importam os meios usados para suprir tais desejos. Essas ações forçosas têm levado essas mulheres a se desgastarem tanto, que tem nelas a justificativa plausível de não poderem assumir as suas casas, uma vez que o seu labor lá fora é intenso e constante. Aquelas que se deixaram levar pelo espírito sedutor de Jezabel em seu terceiro ato são as que se dão a prática da imoralidade sexual como moeda de troca para conseguir os seus objetivos. Esses casos específicos estão nos segmentos da indústria cinematográfica, fonográfica e jornalística. Há vários casos de mulheres que tiveram casos com produtores de filmes e novelas para conseguir o papel principal naquela produção, outras que dormiram com o diretor e produtor de empresa fonográfica, para conseguir lançar o seu disco, e ainda outras que foram aliciadas pelo editor-chefe de jornais famosos, para conseguir o seu papel de âncora daquele jornal. E assim, o espírito de Jezabel vai conseguindo corromper mulheres néscias, tolas, sem escrúpulo e afeiçoada aos seus próprios prazeres.

No segmento religioso, esse espírito maligno de Jezabel, conseguiu adentrar as igrejas evangélicas com o mesmo modus operandi, a sua dominação obsessiva tem levado essas igrejas a concordarem com a consagração de pastoras, coisa que a Bíblia não registra, Jesus não ensinou e os apóstolos não ordenaram. Já há casos em que o segundo ato deste espírito tem sido comum, pois nas lideranças dessas igrejas, mulheres estão fazendo qualquer coisa para alcançar esta posição nestes ministérios, inclusive se corrompendo moralmente e se enchendo de sensualidade, ao ponto de vermos hoje essas mulheres pregando a frente das reuniões e cultos, com roupas indecentes, mais caracterizadas com a performance do mundo do que coerente com o padrão determinado pela Bíblia. Quando Jesus adverte a igreja em Tiatira a respeito de uma mulher que se dizia profetisa, Ele fala com dura advertência o que condenava naquela igreja a respeito daquela mulher. Aquela igreja tolerava os ensinamentos sedutores daquela que Ele intitulou de Jezabel, que levava os servos de Deus naquela igreja a cometerem a fornicação, ensinava-os a comer das coisas sacrificadas aos ídolos, ou seja, ela os aliciava ao caminho da idolatria.

O espírito de Jezabel e o modo de se vestir

A Bíblia é clara ao falar sobre a necessidade de modéstia e decência especialmente nas reuniões da igreja. O apóstolo Paulo em suas cartas orienta as mulheres a se vestirem com decência, modéstia e discrição. Modéstia não é apenas sobre cobrir o corpo, mas adotar uma atitude que reflete o temor a Deus. O vestuário deve ser uma expressão da transformação interior que acontece quando uma pessoa entrega a sua vida a Cristo. Em muitas igrejas infelizmente, a cultura da moda e do consumismo tem se infiltrado levando mulheres a se vestirem de maneira que exalta sensualidade em vez da espiritualidade. Roupas que modelam o corpo, decotes exagerados, saias curtas e vestimentas que chamam a atenção para o corpo, não condizem com a decência e modéstia que Deus requer da mulher que o teme.

Quando alguém se veste de forma a causar desejos impuros ou distrações, inclusive durante o culto está afastando do propósito de glorificar a Deus com o seu corpo. O espírito de Jezabel é mostrado na Bíblia como um espírito de manipulação, sedução e controle, ele tem se infiltrado nas igrejas através de pessoas com comportamentos que desviam a atenção do verdadeiro propósito do culto a Deus. Jezabel, a rainha do antigo testamento, esposa do rei Acabe, usava de sua influência para conduzir Israel a idolatria e ao afastamento de Deus, o seu nome se tornou sinônimo de um espírito que trabalha para destruir a autoridade espiritual e desviar os cristãos.

Quando vemos as mulheres à frente dos cultos, as ditas pastoras, e as que ministram o louvor, vestidas de maneira provocativa e sensual ao estilo das vestimentas da moda que o mundo tem sugerido, estamos vendo uma atuação do espírito de Jezabel. Essas vestimentas podem ser usadas com o objetivo de chamar a atenção para si mesma, desviar o foco do culto e causar tropeço nos fiéis. Aqueles que estão à frente de um culto a Deus, devem entender que ali naquele momento devem se portar com reverência e santidade, o uso de roupas que despertam lascívia e sensualidade, é contrário a este propósito.

Jezabel como uma manipuladora, não apenas seduzia com as suas ações, mas usava a sua aparência para controlar e influenciar. Esse espírito pode ser percebido quando mulheres na igreja por meio de roupas provocantes buscam manipular a atenção dos outros, seja pelo desejo de aprovação ou pelo poder que exerce sobre aqueles que são espiritualmente imaturos. Em Apocalipse 2:20, uma das reclamações do Senhor àquela igreja, a de Tiatira, é que ali havia a tolerância a Jezabel, que com os seus ensinamentos, dizendo-se profetisa, induzia os seus servos a imoralidade sexual e a comer comidas sacrificadas aos ídolos, ou seja corrompia levando-os a idolatria.

A Bíblia diz que o nosso corpo é templo do Espírito Santo, quando as nossas vestimentas são indecentes, ou extravagantes, estamos falhando em honrar a Deus com este princípio, não estamos tratando o nosso corpo, morada do Espírito de Deus, com reverência, respeito e santidade.

Quando nos vestimos de forma a exibir o corpo ou a atrair a atenção para a nossa aparência física, estamos falhando em honrar este princípio. O culto e a adoração a Deus deve ser o momento em que nos aproximamos dele com humildade, reverência e santidade. Se escolhermos roupas que vão contra esta reverência, estaremos permitindo que o mundo e suas influências nos afastem da verdadeira santidade. Às vezes encontramos pessoas que querendo se defender, por terem aderido aos tais modismos, se utilizam de frases feitas sugeridas pelo próprio diabo e dizem: "Roupa não define caráter!" A estas a resposta mais sensata é: "A roupa não define o caráter de uma pessoa, mas, uma pessoa de caráter, sabe a roupa que deve vestir". Não estamos falando aqui, de padronizar um estilo de roupa a fim de defini-la como o padrão da roupa cristã, não é isto! Estamos falando de se vestir com decência, sem extravagância, sem os absurdos e o modo mundano das vestimentas deste século. Perceba que a orientação do apóstolo Paulo quando fala do comportamento das mulheres no tocante aos trajes é: *"Que do mesmo modo as mulheres se ataviem em traje honesto, com pudor e modéstia, não com tranças, ou com ouro, ou pérolas, ou vestidos suntuosos, mas (como convém a mulheres que fazem profissão de servir a Deus) com boas obras"* (I Tm.2:9-10). Ele está dizendo que deve ser com pudor, modéstia e sem extravagância, a preocupação do apóstolo não é o modelo, se é bonito, feio, ou se está em voga ou não, mas se ofende a santidade e agride os olhos daqueles que vêem e se seduz os que são fracos. Deus nos chamou à santidade, como disse o apóstolo Pedro: *"mas, como é santo aquele que vos chamou sede vós também santos em toda a vossa maneira de viver, porquanto escrito está: Sede santos, porque eu sou santo"* (I Pe.1:15-16).

O nosso corpo, não é nosso, o apóstolo Paulo deixa isso claro, que o nosso corpo foi comprado por Cristo e hoje somos habitação dEle, portanto, deve ser usado para sua glória e não para as nossas vaidades e extravagâncias. (I Co.6:19-20). A transformação verdadeira começa no coração e se manifesta externamente, quando entregamos as nossas vidas a Cristo, somos chamados a abandonar o mundo e aderir a uma vida de santidade, que exalará o caráter de Deus em todas as áreas e isso inclui o modo de vestirmos, que inevitavelmente sofrerá influência da nossa nova natureza e não pelos modismos e tendências deste século. Quando vestimos conforme o apóstolo recomenda, com decência e pudor, estamos externando um reflexo da nossa santidade interior e não apenas obedecendo a uma regra ou um mandamento exterior. Deus deseja que mudemos por completo, incluindo a maneira como apresentamos e cuidamos do nosso corpo, portanto, as roupas sensuais e extravagantes, os comportamentos lascivos, e provocativos, não podem encontrar lugar nas vidas de pessoas que foram alcançadas e transformadas pela graça de Deus e pelo verdadeiro Evangelho de Cristo.

Essas exigências da parte do Senhor são para todos aqueles que foram alcançados pelo Evangelho do Reino, mas principalmente para aqueles que têm posição de destaque, e conduz o seu rebanho os quais devem ser exemplo para os demais. O cuidado com a vestimenta e a postura das pessoas que estão a frente do rebanho é essencial para preservar a santidade na igreja, pois cada ovelha estará olhando para o seu guia e certamente o imitará, inclusive em sua conduta no tocante a isto. Os líderes que fecham os olhos para as vestimentas impróprias, seja pelo medo de perder membros ou de querer agradá-los, estão negligenciando o seu papel de cuidar do rebanho de Deus e por conta disso receberão de Deus um juízo mais severo.

Como já falei, a santidade começa no coração, mas é refletida no nosso exterior, quando nos vestimos de modo que glorifica a Deus, estamos mostrando respeito ao que ele fez por nós e assim podemos adorá-lo com todo o nosso ser. Vestes modestas, decentes e adequadas, não é uma questão de tradição ou ritual dessa ou daquela religião, mas uma questão de reverência a Deus. Como filhos de Deus, devemos recusar os padrões de sensualidade, lascívia e manipulação ditados por este presente século, pelas normas e regras do espírito de Jezabel. As consequências para aqueles que se deixam usar como instrumentos deste espírito maligno e se tornam tropeço para os seus irmãos são graves, a Palavra de Deus é clara quanto à punição para aqueles que causam escândalos e levam os seus irmãos a tropeçarem. Jesus em várias passagens foi contundente a respeito das consequências deste pecado. Veja o que registrou o Evangelista Mateus: *"Mas qualquer que escandalizar um destes pequeninos que creem em mim, melhor lhe fora que se lhe pendurasse ao pescoço uma mó de azenha, e se submergisse na profundeza do mar"* (Mt.18:6). Quando alguém usa roupas sensuais, indecentes ou se porta com atitude de sedução ou manipulação na igreja, levando os seus irmãos a caírem em pecado, está assumindo uma posição de irresponsabilidade diante de Deus, pois não só está maculando a sua santidade como também estará afetando a vida espiritual daqueles ao seu redor. Além disso, essas pessoas se fazem alvo da ira de Deus por estarem trilhando um caminho contrário ao caminho da justiça. O Senhor deixa claro o que acontecerá com tais pessoas: *"Porque do céu se manifesta a ira de*

Deus sobre toda impiedade e injustiça dos homens que detêm a verdade em injustiça" (Rm.1:18).

Esse espírito de Jezabel nos nossos dias, está levando essas pessoas, principalmente as mulheres a viverem de forma ímpia nos seus modos de vestir, propagando a sensualidade, a lascívia, a luxúria e a manipulação, suprimindo assim, a verdade de Deus, agindo destarte como agentes do inimigo. Essas mulheres que se dizem pastoras, que estão a frente ministrando e usando roupas justas evidenciando as curvas do corpo, usando a sua aparência ou vestimenta para atrair atenção sensual, poderá destruir a fé de um irmão fraco, que poderá nutrir pensamentos impuros levando-o ao pecado. *"Ora, pecando assim contra os irmãos e ferindo a sua fraca consciência, pecais contra Cristo"* (I Co.8:12). Embora este versículo esteja em um contexto que fala das carnes sacrificadas aos ídolos, o seu princípio se aplica a qualquer atitude que pode nos levar a seduzir ou induzir o irmão fraco, e assim levá-lo ao pecado.

O espírito de Jezabel tem invadido as igrejas com a sensualidade, a lascívia e a manipulação, usando mulheres néscias, que se dizem pastoras, missionárias, se portando com indecência em seus modos de vestir, maculando assim a sua própria santidade e levando outras a pecarem. A mulher segundo Deus, não se deixa levar por tais enganações, por isso as suas virtudes são exaltadas e o seu reconhecimento é dado por Deus, pelo seu esposo e por seus filhos, por seu temor a Deus e pelos cuidados empreendidos na sua casa, e não por uma posição secular atribuída ao seu profissionalismo ou uma posição eclesiástica que nem mesmo é reconhecida por Deus, não encontra respaldo bíblico e tem conseguido espaço nas religiões atuais, pelo reconhecimento de autoridades frouxas e sem conhecimento das Escrituras. [1]

Infelizmente o mundo de hoje foi atingido em todos os seus segmentos, o espírito de Jezabel adentrou a moda, a política, a religião, a cultura e a economia, vai levando as mulheres que não temem a Deus as práticas dos intentos de satanás, os quais culminam na desestruturação do projeto de Deus, a família.

---

1 - Parte da narrativa deste capítulo sobre vestimentas na igreja e o espírito de Jezabel é do canal www.youtube.com/@bibliaterapia61 , o qual orienta curtir e compartilhar o seu conteúdo.

O PROJETO DE DEUS

"Portanto, deixará o homem o seu pai e a sua mãe e apegar-se-á à sua mulher, e serão ambos uma só carne" (Gn.2:24)..

"... mas não foi assim desde o princípio" (Mt.19:8b). Esta é uma resposta de Jesus aos fariseus, quando lhe questionaram acerca da permissão que Moisés havia dado para o repúdio, mediante uma carta de divórcio.

O questionamento era se podia repudiar a mulher por qualquer motivo. O Mestre, porém, responde indagando-os: Não tendes lido que, no princípio o Criador os fez macho e fêmea e disse: Portanto, deixará o homem pai e mãe e se unirá à sua mulher, e serão dois numa só carne? Assim não são mais dois, mas uma só carne. Portanto, o que Deus ajuntou não separe o homem. Essa resposta provocou nas mentes mal intencionadas dos fariseus um novo questionamento. Perguntaram: Então por que Moisés mandou dar carta de divórcio e repudiar? O Mestre sabiamente responde: Pela dureza dos vossos corações, Moisés permitiu isso. Mas, não foi assim desde o princípio. Assim, como já explicitado anteriormente, ele explica como o Criador determinou que fosse desde o princípio.

A expressão: *"serão os dois uma só carne"*, define claramente que Deus estava criando para o homem e a mulher uma união indissolúvel, a qual ao homem não fosse permitido desfazer. E esta afirmação está dita na expressão: *"Portanto, o que Deus ajuntou não separe o homem"*.

Essas duas expressões nos diz muito a respeito do que Deus acabara de criar. A Família, o seu projeto, através da qual a Terra se povoaria e onde fosse possível perpetuar o seu plano eterno.

É importante observarmos que antes da inserção do pecado, Deus não colocou nenhuma regra, norma ou disciplina para o seu funcionamento. Entendo que até então, era desnecessário, uma vez que o Éden estava todo preparado, cheio de harmonia. A autoridade principal era Deus e toda ordem emanava dEle, não havia desordem alguma, tudo na mais perfeita ordem. Até que surge o pecado, trazendo o caos, a desordem, a corrupção e a degeneração moral do homem e da mulher, maculando a sua inocência, tornando-os passíveis da influência tanto do bem como do mal. Como em toda instituição, há ordem, regras e disciplina, esta, sendo a primeira, e por causa do advento do pecado, foi instituída contendo todas as normas e princípios para a eficácia do seu funcionamento.

Ao homem disse Deus: *"No suor do teu rosto, comerás o teu pão, até que te tornes à terra; porque dela foste tomado, porquanto és pó e em pó te tornarás"* Gn.3:19). Esta determinação de Deus foi precedida de uma maldição que recaiu também sobre a terra, quando o Senhor disse: Maldita é a terra por causa de ti; com dor comerás dela todos os dias da tua vida. Espinhos e cardos também te produzirá; e comerás a erva do campo.

Para a mulher o Senhor disse: *"Multiplicarei grandemente a tua dor e a tua conceição; com dor terás filhos; e o teu desejo será para o teu marido, e ele te dominará"* (Gn.3:16). Acredito que antes a mulher teria filhos com poucas contrações, não com dores muito intensas e que seria um evento em sua vida tão prazeroso e indolor, como as demais necessidades fisiológicas. Nota que a mudança deste aspecto está na expressão: *"Multiplicarei grandemente a tua dor e a tua conceição".*

A ordem na relação foi estabelecida pelo Senhor, determinando quem seria o líder, e quem seria o liderado. O mesmo que vemos em qualquer instituição, onde há ordem. Deus disse: *"... e o teu desejo será para o teu marido, e ele te dominará".*

Com base nesta determinação divina, todas as famílias da Terra, pós Éden, foram instituídas. Os homens sendo o líder principal, aquele que daria toda a provisão para a família, a esposa, auxiliando-o e sendo submissa a ele, trazendo os filhos sob os seus cuidados, zelando e administrando bem o lar.

Com o passar do tempo, em algumas culturas, essas regras foram sofrendo modificações, principalmente naquelas nações onde não havia o temor e o conhecimento de Deus. Essas modificações foram produzindo homens tiranos, déspotas, agressivos, machistas, desrespeitosos, provocando verdadeiro caos em suas famílias. As mulheres por sua vez, não tendo o amor e o cuidado do homem como esposo perderam o respeito por eles e se tornaram insubmissas, levianas, sem qualquer afeto e por consequência os filhos se tornaram cópias fiéis daquilo que viram em seus pais. Em algumas sociedades antigas, a mulher era desvalorizada a tal ponto de ser vista como um objeto, e aquelas que ainda tinham o privilégio de terem nascidas em famílias nobres, tinham o valor e o respeito herdado da nobreza, mas quando se casavam, em muitos casos, experimentavam a tirania do marido e se tornavam vítimas dos seus maus tratos.

Deus sabia que deveria apresentar algo para o mundo, a fim de restaurar o que fora perdido, os princípios e o padrão estabelecido por Ele desde os primórdios da criação. Ao enviar o seu filho Jesus, Deus não somente trouxe salvação ao mundo, mas também a possibilidade de restaurar a ordem do caos moral, como também o resgate dos princípios e do padrão divino. Jesus apresentou ao mundo o seu Evangelho, o qual tem como premissa, trazer o governo de Deus sobre a vida do homem, este é o Evangelho do Reino de Deus, o único capaz de transformar as vidas daqueles que buscam a Deus. Esse evangelho transforma o caráter, muda a consciência e dá ao homem a esperança de uma vida nova. As Escrituras atestam que: *"aquele que está em Cristo é nova Criatura..."* (I Co.5:17). Uma vez transformado pelo poder do Evangelho, o novo homem agora, estará pronto para observar e praticar os princípios de Deus e viver o padrão de vida apresentado por Ele.

Mas, há ainda um questionamento a ser respondido: Como atingir este padrão de excelência, alcançando todas as nações, esbarrando na cultura, nos diversos padrões de educação, nas regras das tradições e dos diversos costumes peculiares de cada uma destas nações? Deus, sabiamente cria um organismo vivo chamado "Igreja"; estabelece como regra de ouro um padrão excelente, mas alcançável, todos que entram nela, devem caminhar com a meta de ser parecido com o seu Filho Jesus. Quando escreve aos Romanos o apóstolo Paulo disse: *"Sabemos que todas as coisas cooperam para o bem daqueles que amam a Deus, daqueles que foram chamados segundo o seu propósito. Porquanto aos que de* antemão conheceu também os predestinou *para serem conformes à imagem de seu Filho,* a fim de que ele seja o primogênito entre muitos irmãos" (Rm.8:28-29). Ou seja, todos devem seguir olhando para Jesus, como disse também o autor da carta aos Hebreus. *"olhando atentamente para Jesus..."*(Hb.12:2a) Portanto, é sabido que há uma referência a ser seguida e um modelo a ser imitado. Há aqueles que questionam, dizendo ser impossível alcançar um padrão tão excelente, como o de ser parecido com Jesus. Para estes eu digo, se fosse verdadeira esta afirmação, Deus não teria estabelecido tal padrão. Há uma palavra dita por Paulo aos Efésios, que nos dá esperança acerca deste questionamento, o apóstolo diz: *"até que todos cheguemos a unidade da fé e do pleno conhecimento do filho de Deus, a sermos homens perfeitos na medida da estatura da plenitude de Cristo"* (Ef. 4:13). Percebe que a chave está na expressão: *"até que todos cheguemos"*. Ou seja, aqueles que estão caminhando, seguem com o compromisso de alcançar, destarte, qualquer ser humano, de qualquer cultura, tradição, costume, ou nacionalidade, será capaz de ter sua vida transformada e conformada ao caráter de Cristo.

Através dos ensinamentos dos apóstolos, Jesus apresenta o padrão de autoridade e por ele define também como deve ser o seu funcionamento da família; a sua base fundamental está apresentada na frase dita pelo apóstolo Paulo: *"Mas quero que saibais que Cristo é a cabeça de todo homem, e o homem, a cabeça da mulher; e Deus, a cabeça de Cristo"* (I Co.11:3). Veja que há aqui uma hierarquia: Deus, Cristo, o homem e a mulher, e neste padrão está explicitado o princípio de autoridade, de modo que, quando alguém se submete a qualquer que esteja revestido de autoridade, submetendo a ela, estará por definição se submetendo ao próprio Deus. *"Toda alma esteja sujeita às autoridades superiores; porque não há autoridade que não venha de Deus; e as autoridades que há foram ordenadas por Deus. Por isso, quem resiste à autoridade resiste à ordenação de Deus; e os que resistem trarão sobre si mesmos a condenação"* (Rm.13:1-2).

Este princípio foi aplicado para a família; Deus a organizou de modo que há uma cadeia de autoridade formada obedecendo a seguinte ordem: O homem, a mulher (esposa) e os filhos. Neste contexto Deus é a cabeça de Cristo, Cristo a cabeça do homem e o homem a cabeça da mulher e ambos, cabeça dos filhos. Os imperativos dentro desse organismo é o amor do esposo, a submissão da esposa e a obediência dos filhos. É importante salientar que, quando Deus define os papéis do homem e da mulher dentro da família, ele não coloca parâmetro humano, mas sim, parâmetros espirituais.

Quando dá a ordem ao homem ele diz: *"maridos amais as vossas esposas, como Cisto amou a Igreja e a si mesmo se entregou por ela"*. Percebe que Deus não diz: Faça isso somente se ela for submissa a você. Não! Pois isso seria um parâmetro humano. Ele disse: "como Cristo amou a Igreja e se entregou por ela". À mulher disse: *"mulheres, sede submissas aos vossos maridos como ao Senhor"*. Ou seja, as mulheres devem fazer isso para com os seus maridos, assim como fazem para com Deus, e este também é um parâmetro espiritual. Ele não disse: "somente se o marido a amar". Aos filhos o Senhor ordena: *"vós filhos <u>obedecei em tudo</u> a vossos pais; porque isto é agradável ao Senhor"* (Cl.3:20).

"Vós, filhos, sede obedientes a vossos pais no Senhor, porque isto é justo. Honra a teu pai e a tua mãe, que é o primeiro mandamento com promessa, para que te vá bem, e vivas muito tempo sobre a terra" (Ef 6:1-3). Aos pais (homem e mulher), que cuidem dos seus filhos observando e aplicando os ensinamentos do Senhor, a fim de que sejam formados com o caráter de Cristo e assim perpetuem tal ensinamento, passando depois para sua posteridade. O Senhor diz: *"E vós, pais, não provoqueis a ira a vossos filhos, mas criai-os na doutrina e admoestação do Senhor"* (Ef.6:4).

Neste projeto chamado "família", Deus estabeleceu princípios, colocou um padrão, e determinou as regras do seu funcionamento. Todas as vezes que alguém resolve querer fazer diferente, dá errado, e assim vemos a sociedade se deteriorando, por querer implementar ações com regras diferentes daquelas estabelecidas por Deus.

Sabemos que ao longo dos anos, muitos inimigos se levantaram contra a família tentando destruí-la, e quando não muito, descaracterizá-la. Entre esses inimigos, o pior deles é o movimento feminista, que desde o seu surgimento vem tentando, com ideias, com literaturas, ações, ideologias e até mesmo com políticas, com a intensão de inclusive desvirtuar e descontruir aquilo que Deus construiu com tantas virtudes. Entendemos que tudo começa no seio da família: o aprendizado, os valores, os princípios, as atitudes e ações, que depois vão determinar os rumos da sociedade; comparando a sociedade como um corpo humano, a família é como uma célula deste corpo, a a partir dela se inicia a vida, desde o seu nascimento até a sua completa edificação e estruturação. Há um ditado popular que diz: Famílias mal estruturadas, sociedade mal edificada; famílias mal construídas, sociedade destruída.

A família para o nosso inimigo, satanás, é um empecilho para o sucesso dos seus planos maléficos, por esta razão ele sempre investiu séculos após séculos em ações, obras, artifícios e mecanismo para a sua destruição.

O movimento feminista, indubitavelmente foi o seu mecanimo de maior sucesso, devido aos estragos que ele conseguiu implantar na sociedade, desde há muitos anos até os nossos dias. Fiz questão de elaborar o capítulo 1 "preâmbulo sobre o feminismo", a fim de expor um breve relato histórico deste movimento e suas pautas e ações que foram os pontos cruciais para a conquista dos seus ideais, das brechas que causou na família e os danos que conseguiu fazer na sociedade.

Capítulo 4

A TRANSMISSÃO DA VERDADE

"E ensinai-as aos vossos filhos, falando delas assentado em tua casa, andando pelo caminho, deitando-te, levantando-te; escreve-as nos umbrais de tua casa e nas tuas portas" (Dt.11:19-20).

Ao constituir Israel como nação, Deus tinha a preocupação de que o seu povo aprendesse tudo sobre os seus mandamentos, que ficassem conhecedores das suas leis que andassem em seus estatutos e proclamassem os seus juízos. Havia no coração do Senhor o temor de que o seu povo uma vez constituído como nação, fosse corrompido por outras nações que porventura quisessem se aliar a ele. Por esta razão, determinou que os seus ensinamentos fossem passados de geração a geração, através dos pais para os filhos. Ao lermos o Livro de Deuteronômio, vemos que o povo de Israel sabia muito bem disso e procuraram fazer de acordo com o que o Senhor havia determinado. A Escritura a seguir é a prova de que essa determinação de fato existiu e foi a melhor definição de ensino e aprendizado que já foi estabelecido:

> Ponde, pois, estas minhas palavras no vosso coração e na vossa alma, e atai-as por sinal na vossa mão, para que estejam por testeiras entre os vossos olhos, <u>e ensinai-as a vossos filhos, falando delas assentado em tua casa, e andando pelo caminho, e deitando-te, e levantando-te; e escreve-as nos umbrais de tua casa e nas tuas portas,</u> para que se multipliquem os vossos dias e os dias de vossos filhos na terra que o Senhor jurou a vossos pais dar-lhes, como os dias dos céus sobre a terra. Porque, se diligentemente guardardes todos estes mandamentos que vos ordeno para os guardardes, amando o Senhor, vosso Deus, andando em todos os seus caminhos, e a ele vos achegardes, também o Senhor de diante de vós lançará fora todas estas nações, e possuireis nações maiores e mais poderosas do que vós. Todo lugar que pisar a planta do vosso pé será vosso, desde o deserto, desde o Líbano, desde o rio, o rio Eufrates, até ao mar ocidental, será o vosso termo. Ninguém subsistirá diante de vós; o Senhor, vosso Deus, porá sobre toda a terra que pisardes o vosso terror e o vosso temor, como já vos tem dito" (Dt.11:18-25).

O povo de Deus prosseguiu obedecendo aos seus mandamentos, as suas leis, praticando os seus estatutos e seus juízos, mas por vezes se desviavam deles e acabavam sendo corrompidos por nações gentílicas, as quais o Senhor havia recomendado que não se aliassem a elas. Embora esses desvios fossem reais, havia sempre aqueles homens fiéis a Deus, que insistiam em praticar os seus mandamentos, e assim, a nação de Israel dia a dia se preservava como "povo de Deus". Assim como cada nação tinha os seus costumes, as suas leis, as suas tradições, os seus deuses, o povo do Senhor também tinha os seus valores e, sobretudo o seu Deus, o qual é o único Deus existente e que havia determinado que os seus ensinamentos fossem perpetuados através da transmissão dos pais para seus filhos. Veja que Deus tratou essa questão com tanto rigor que disse: *"e ensinai-as a vossos filhos, falando delas assentado em tua casa, andando pelo caminho, deitando-te, levantando-te; e escreve-as nos umbrais de tua casa e nas tuas portas"* (Dt.11:19-20). Ou seja, deveria ser um método tão rigoroso e constante que Deus disse que deveria ser em todo lugar e a todo momento. As expressões como: "em tua casa", "andando pelo caminho", "ao deitar-se", "ao levantar-se", "nos umbrais da casa", "nas tuas portas", denotavam ser um estilo de pedagogia tão constante que aproveitava todo o tempo, não importando o lugar. Em palavras mais inteligíveis o Senhor estava dizendo: Gravem estas leis nas suas mentes e nos seus corações. Amarrem todas elas nos dedos das mãos, como constantes lembretes para que não esqueçam de obedecê-las. Fixem estes mandamentos nas suas testas, entre os seus olhos! Ensinem estas leis aos seus filhos. Conversem sobre elas sempre: em casa, na rua, na estrada, à hora de dormir e de manhã, ao despertar. Escrevam estes mandamentos nas entradas e nas portas das suas casas. Fazendo assim, vocês e os seus filhos terão uma existência feliz na terra que o Senhor prometeu aos nossos pais, existência feliz e longa, que certamente durará enquanto houver céus acima da terra. Embora não houvesse na época a escrita de modo popular e acessível, ou seja, não havia livros editados em larga escala para o acesso a todos, o método utilizado era a catequese, o único método de ensino eficaz, existente até os dias de hoje, e o uso dos filactérios.[2] Por esse método, os pais inculcavam nas mentes dos seus filhos todos os ensinamentos dados por Deus. Esses ensinamentos transpuseram gerações, passou pela idade antiga, a idade média, e chegou até nós, na era contemporânea. Era muito comum ouvirmos as pessoas falarem frases como: "É como já dizia o meu velho pai!", ou "isso foi o que aprendi com o meu pai", ou ainda, "esse princípio, aprendi com a minha mãe!", e ainda "me tronei um homem honesto, verdadeiro, pelo que aprendi com os meus pais". Desde então todas as famílias se edificavam,

---

2 - Filactérios: São pequenos estojos que encerravam frases importantes da Lei e que os judeus traziam presos no braço ou na testa, procurando cumprir materialmente o prescrito em Ex 13:9. Vem do grego *"phylaktérion"* *o mesmo que* **Tefilin** (em hebraico תפילין, com raiz na palavra *tefilá*, significando "prece").

se fortaleciam em seus princípios e padrões, através das tradições e dos ensinamentos que os pais passavam para os filhos, até que o mundo conheceu algo que foi o pontapé inicial para sua transformação. Não precisamos retroagir muito tempo, apenas ao século XIV, quando surgiu a invenção de Johann Gutenberg, a prensa, uma espécie de máquina que conseguia mecanizar o processo da impressão tanto de palavras simples, quanto de livros inteiros. A partir daí, começou a ser possível trazer para o papel as ideias, as fórmulas, os pensamentos filosóficos, políticos, econômicos ou qualquer coisa que se pretendesse deixar registrado. Sabemos que com o passar do tempo, foram surgindo máquinas mais avançadas até chegarmos à era do computador, da informática, da automação e da inteligência artificial. Hoje é comum escutarmos as pessoas falarem "vi isso na televisão!", "aprendi isso lendo o jornal ou a revista tal!", "conheci isso pela internet!". Percebe que, os pais deixaram de ser "a fonte", pois agora essas outras fontes de tornaram uma realidade, e são as mais seguidas, vistas, ouvidas e consultadas. Os pais agora, além de não serem mais a única fonte, podem inclusive ser contestados e refutados por seus ensinamentos. Toda essa evolução utilizada pelo homem, foi também utilizada por satanás, que viu nela a possibilidade de tirar dos pais a responsabilidade da transmissão da verdade, e colocá-la em veículos de comunicação como: revistas, jornais, rádio, televisão e nos nossos dias, nas redes sociais e nas escolas doutrinadas. Essa ação deste vil inimigo provocou no mundo um total desvirtuamento da verdade, pois aquilo que antes era transmitido com segurança, com confiança e com a verdade, passou a ser transmitido de forma mesclada fazendo com que o que antes era puramente verdadeiro e correto, passasse a ser outra verdade como opção de escolha. E essa foi a primeira ação para quebrar os princípios ensinados pelos pais e corromper o padrão estabelecido pela família. Destarte, assuntos tão tradicionais e conservadores como: casamento, família, namoro, virgindade, respeito aos mais velhos, obediência e submissão aos pais e as autoridades etc, são valores que foram se diluindo e ficando antiquados, pois tanto as revistas, como o rádio, a televisão, os jornais, as escolas doutrinadas e as redes sociais, começavam a disseminar informações que não condiziam com aquilo que era antes ensinado pelos pais aos filhos. Esses valores foram minados com o tempo e hoje em dia, praticamente só conseguimos ver alguns resquícios nas famílias cristãs e em algumas poucas famílias conservadoras.

Satanás foi mais avante, vendo que havia famílias que preservavam esses valores, onde os ensinamentos dos filhos ainda eram passados pelos pais, que os acompanhavam e tinham o cuidado de supervisionar aquilo que os seus filhos aprendiam nas escolas doutrinadas, cria o movimento feminista, e através dele, subtrai de dentro do lar aquela que seria a fonte de onde poderia vir esses ensinamentos, a mãe.

Temos hoje um modelo de escola, que em vez de ensinar o que de fato os alunos devem aprender, está doutrinando-os através das suas ideias e ideologias imposta por meio da chamada revolução ética e da subversão dos valores. Pascal Bernardin, [3] falando dessa revolução ética observou a espantosa confissão de certo autor em texto da UNESCO, o qual reconhece que a decadência moral de nossos dias, que se poderia atribuir a uma "indiferença moral" ou a um "suposto eclipse de moralidade", está na realidade relacionada ao "tempo necessário, ao perfeito controle da modificação dos valores", à reforma psicológica. A estratégia utilizada é o impedimento da transmissão dos valores tradicionais especialmente por meio da família; essa manobra resultará em um caos social tão gigantesco que tornará impossível o retorno a uma educação ética, isso porque o controle estará nas mãos do Estado e das organizações internacionais e não da família.

Associado a esses fatos, temos mães que por terem se subjugado a chamada dupla jornada, não conseguem ter tempo de qualidade com seus filhos, e, portanto, não conseguem acompanhá-los na escola ficando alheias ao

---

3 – Pascal Bernardin, é escritor e autor do livro: Maquiavel Pedagogo ou o Ministério da Reforma Psicológica.

que estão aprendendo, permitindo que a escola se responsabilize pela transmissão dos valores que deveriam ser feitos por ela enquanto administradora da sua família. Com isso, tanto a escola com a sua reforma psicológica e o Estado, pela famigerada revolução cultural ganham a alma dos seus filhos através da subversão dos valores mais sagrados.

Outros momentos são aqueles de filhos expostos a filmes e animes; a doutrinação ideológica se perpetuou através destes recursos e os filhos estão sendo idiotizados, erotizados e em casos extremos bestializados, por tais doutrinações. Psicólogos alertam os pais dos perigos contidos nos conteúdos de desenhos e animes que estão recheados de violência, dramas, bullyings, automutilação, erotização, bestialização etc. Eles informam que as crianças e adolescentes, não tem maturidade e nem filtro para receber o impacto dessas cargas dramáticas e emocionais. Dizem ainda, se os pais não conseguirem acompanhar e supervisionar o que os seus filhos estão assistindo, em pouco tempo eles terão filhos irreconhecíveis, perderão os seus filhos dentro das suas próprias casas.

Diante de fatos como esses, entendemos que os lares onde o pai não está cumprindo o seu papel de líder e a mãe não está mais somente dentro do seu lar administrando, cuidando e educando os seus filhos, provavelmente não conseguirão formá-los para a próxima geração, não conseguirão efetivar a transmissão da verdade através de princípios, regras e padrões conservadores e divinos aos seus filhos. Indubitavelmente, satanás terá conseguido neste lar implantar as suas ideias, e conseguido formar nesses filhos os homens e mulheres que ele quer para a próxima geração. Não foi sem razão que o Senhor deixou escrito por duas vezes em Provérbios essa advertência:

"O temor do Senhor é o princípio da ciência; os loucos desprezam a sabedoria e a instrução. <u>Filho meu, ouve a instrução de teu pai e não deixes a doutrina de tua mãe</u>. Porque diadema de graça será para a tua cabeça e colares para o teu pescoço" (Pv.1:7-9).

"<u>Filho meu, guarda o mandamento de teu pai e não deixes a lei de tua mãe</u>. Ata-os perpetuamente ao teu coração e pendura-os ao teu pescoço. Quando caminhares, isso te guiará; quando te deitares, te guardará; quando acordares, falará contigo. Porque o mandamento é uma lâmpada, e a lei, uma luz, e as repreensões da correção são o caminho da vida" (Pv.6:20-23).

Veja que temos aqui, uma forte advertência do Senhor alertando aos filhos que não se omitissem diante da instrução de seu pai e da doutrina da sua mãe; do mandamento do pai e da lei da sua mãe. Para Deus essa era uma regra de ouro, pois fora esse o padrão de ensino, de transmissão da verdade que Ele deixou. Mas, infelizmente o mundo foi tomado pelos maus intentos de satanás, que desde séculos atrás até aos nossos dias, ressignificou e redefiniu os padrões, atingindo em cheio a família. Aqueles que eram a única fonte de conhecimento e sabedoria para transmitir a verdade aos seus filhos, passaram a ser uma das fontes, pois foram surgindo diversas fontes, conforme citei anteriormente e hoje é esse o formato que temos no mundo atual.

ATAQUE FRONTAL AO PROJETO DE DEUS

"O movimento feminista encontrou uma causa em comum com o comunismo: Acabar com a família" (Kathlenn Parker).

Autora de "Save the Males" (Salve os Machos), Kathleen Parker escreve como os homens, a masculinidade e a paternidade têm estado sob cerco na cultura americana por décadas. Ela argumenta que o movimento feminista desviou-se do curso de seu objetivo original de ajudar as mulheres a alcançar a igualdade, e acabou tornando os homens em inimigos.

Hoje em dia, é comum ouvirmos frases como: "homem não presta, são todos uns canalhas" e ainda: "homens são todos iguais". A prova de que não são, é a escolha que as mulheres fazem quando querem um para marido. Ora, se são todos iguais, não haveria necessidade de escolher tanto. Outra situação lamentável de resistência ao fator masculino impregnada na mente da mulher pela ideologia feminista está em não admitir que precise do homem. Uma professora conservadora afirmou: Você nunca vai arrancar da boca de uma mulher que ela precisa de um homem. Algumas até admitem que queiram um relacionamento; certa vez conversando com uma aluna que dizia que queria um relacionamento, eu disse: E para ter um relacionamento você precisa de quê? Ela respondeu de um parceiro! Aí eu continuei: Mas, esse parceiro deve ser o quê? Ela respondeu: deve ser: Amigo, legal, bacana e carinhoso! Eu disse: Mas, antes disso tem que ser o que? Não obtive a resposta, ela não conseguiu chegar a conclusão de que a resposta era "um homem", que ela precisaria de um homem para se relacionar. Posso afirmar, quando a mulher admite que precisa de um homem, a sua vida muda, e não estou afirmando ser naquele sentido de: Ah! Estou perdida, a minha vida não tem sentido, preciso de um homem! Não é neste sentido! Toda mulher deve entender que se ela tomar a carga do feminino e do masculino para si, que é o que as mulheres de hoje estão fazendo, por causa da famigerada ideologia feminista, trará muito peso sobre si. A mulher precisa de um homem, porque ele é complementar. Afirmou categoricamente: Eu preciso de um homem porque só vou me sentir uma mulher, de frente para um homem. Eu aprendo a ser mulher, com outas mulheres, mas o lugar onde eu mais me sinto mulher é quando estou de frente para o meu homem. Isso sem falar nas outras coisas, pois os homens ajudam a construir o mundo da forma que as mulheres não constroem, e as mulheres constroem o mundo de uma forma que os homens não constroem, e não é apenas uma disputa para saber quem constrói melhor, são formas diferentes de construção.

Deus os criou assim, diferentes em suas constituições físicas e psíquicas e com funções diferentes, mas as mulheres que se renderam ao feminismo ficaram cegas para essas verdades e continuam sendo manipuladas por essa ideologia maligna, servindo ao inimigo das nossas almas que tem como alvo principal o projeto de Deus, a família.

Outra grande dificuldade que muitas mulheres têm, é na relação sexual com seus maridos. Deus fez a mulher como uma fonte de prazer para o homem, a fim de que ele pudesse se saciar nela; não somente a fez como uma ajudadora idônea, mas também sua fonte de prazer. Obviamente uma fonte de prazer para o seu marido, estamos falando de um homem e uma mulher, casados. O pregador em Provérbios escreveu: *"Seja bendita a sua fonte! Alegre-se com a esposa da sua juventude. Gazela amorosa, corça graciosa; que os seios dela sempre o fartem de prazer, e que você se embriague sempre com o seu amor"* (Pv.5:18-19).

Hoje em dia os casamentos estão sendo desmantelados, porque a ideologia feminista tomou conta das mentes femininas deste século, fazendo as mulheres entender que quando elas se entregam ao seu marido, estão se diminuindo, se escravizando dentro de uma relação machista, onde o homem é o "animal dominador" e quer somente tirar proveito delas, tratando-as como um objeto. Ser o objeto de desejo do esposo é ser aquela por quem ele é atraído, aquela a quem ele muito deseja e onde ele sempre pretende se saciar. Isso além de ser bom para a esposa, por saber que ele jamais vai procurar se saciar em outra mulher, é também bom para o casamento. A maioria dos casos de adultério começa com um homem insatisfeito em casa, onde tem uma mulher que não se entrega a ele e não se preocupa em saciá-lo, e quando o faz, faz sem prazer, sem qualidade, apenas por entender ser uma obrigação por estar casada com ele, e há algumas que nem isto considera, priva o marido totalmente deste prazer. As prostitutas declaram que homens casados as procuram, por não serem saciados sexualmente por suas esposas. Algumas dizem que se a maioria das esposas atentassem para esse detalhe, seus maridos jamais as procurariam. Este assunto foi a preocupação do apóstolo Paulo quando instruiu que ambos não se privassem do dever conjugal:

> O marido cumpra o dever conjugal para com a esposa, e a esposa faça o mesmo com o marido. A esposa não é dona do seu próprio corpo, e sim o marido. Do mesmo modo, o marido não é dono do seu próprio corpo, e sim a esposa. Não se recusem um ao outro, a não ser que estejam de comum acordo e por algum

tempo, para se entregarem à oração; depois disso, voltem a unir-se, a fim de que satanás não os tente por não poderem dominar-se" (I Co.7:3-5).

Deus definiu que a mulher fosse esta fonte, porque ao criar o casamento, estabeleceu que fossem dois, um homem e uma mulher, e obviamente ambos deveriam ter esse prazer, assim como o homem se sacia na esposa, ela por sua vez também é saciada no seu esposo. Portanto, quando uma mulher faz isso ela está sendo obediente a Deus, estará agradando a Deus e permanecendo dentro da sua essência. Ela não deve fazer isso como por obrigação, mas pelo entendimento de que é essa fonte. Ela deve ter satisfação em proporcionar prazer ao seu marido, deve apreciar vê-lo tendo prazer com ela, deve amar ser a sua fonte de prazer, ser a razão do seu prazer. Ela deve amar vê-lo feliz. Veja a declaração do esposo à sua amada em Cantares quando diz: *"Jardim fechado és tu, irmã minha, esposa minha, manancial fechado, fonte selada" (Ct.4:12)*. Essas expressões: "Manancial fechado e fonte selada", são claras evidências de que de fato a mulher é para o homem a sua fonte de prazer, obviamente Deus não realçaria esses termos em sua Palavra, se não o fossem.

Infelizmente o feminismo impregnado na mente de algumas mulheres, fez com que elas odiassem isso, e algumas se incomodassem com a felicidade do seu esposo e passassem a odiar ter que dar prazer a ele. No entanto, a esposa que ama o seu esposo, gosta de vê-lo bem, vai amar dar prazer, ser a fonte de prazer dele. Essa esposa entende que ela é a única fonte de prazer do seu marido, ela sabe que é a única que pode proporcionar a sua alegria, a sua satisfação. Quando a mulher entende que a sua felicidade não está primeiramente em receber prazer do marido, mas em proporcionar a ele, neste momento ela descobrirá a verdadeira felicidade e será valorizada e amada por seu esposo. Mesmo que ele saiba que a sua volta existam mulheres tão bonitas e valorosas quanto a sua esposa, ainda assim, ela será a sua única preferência. Veja o que fala o marido da mulher virtuosa: *"Muitas mulheres procedem virtuosamente, mas você sobrepuja a todas elas" (Pv.31:29).*

Quando alguém está com sede, vai a uma fonte de águas, porque quer saciar a sua sede; quando o marido procura a sua esposa ele quer ser saciado, e se a esposa entende que ela é a sua fonte, terá alegria em lhe dar o prazer que ele busca. Aquelas que se fecham como fonte com as chaves do "estou com dor de cabeça, estou cansada, estou indisposta", estará sugerindo que ele procure outra fonte, e isso é um perigo; satanás tirará proveito desta situação e mostrará para ele diversas outras fontes, e então o seu projeto de destruição daquela família estará iniciado. A mulher que age assim, empurrará o seu esposo para outras fontes e o fará alvo da advertência de Deus quando diz: *"Bebe da tua fonte e das correntes do teu poço. Derramar-se-iam por fora as tuas fontes, e pelas ruas os ribeiros de águas? Seja para ti só, e não para os estranhos contigo"* (Pv.5:15-17). Deus está aqui condenando o adultério, alertando ao homem a que permaneça bebendo do seu manancial, a sua esposa, e não saia a procura de outra fonte de prazer. É importante repetir o que foi dito anteriormente. *"Seja bendita a sua fonte! Alegre-se com a esposa da sua juventude"* (Pv.5:18).

A ideologia feminista se estabeleceu no mundo de tal maneira, que o impregnou da malfadada afirmação do empoderamento feminino, da filosofia "meu corpo, minhas regras" e da visão de um homem machista e escravagista. Infelizmente alguns destes conceitos não saíram da mente das mulheres deste século, e algumas mesmo convertidas a Cristo, ainda tem dificuldades em entender o princípio da sua essência como fonte de prazer do seu esposo. Elas têm dificuldade de entender que há aqui uma reciprocidade, na qual ambos se saciam. A esposa de Cantares expressa isso muito bem dizendo: *"Eu sou do meu amado, e ele me tem afeição"* (Ct.7:10). Ela se declara propriedade do seu amado e diz que ele lhe é recíproco, se afeiçoa também a ela. Em seguida, em outros momentos ela expressa por duas vezes esta reciprocidade dizendo: *"O meu amado é meu, e eu sou dele; ele apascenta o seu rebanho entre os lírios"* (Ct.2:16). Outra vez diz: *"Eu sou do meu amado, e o meu amado é meu; ele se alimenta entre os lírios"* (Ct.6:3). Percebe que não há nenhuma escravidão, obrigação ou imposição, ela livremente está declarando "eu sou dele e ele é meu". Essa é a visão correta. Se toda mulher tivesse esta visão, o mundo seria muito melhor.

Kathleen Parker escreve uma coluna semanal sobre política e cultura. Graças aos seus escritos, recebeu em 2010 o merecido Prêmio Pulitzer de Comentário Distinto "por suas colunas perceptivas, muitas vezes espirituosas, sobre uma série de questões políticas e morais, compartilhando com muita graça e inteligência as experiências e valores que a levaram a conclusões imprevisíveis". Em 2008 publicou o seu livro "Save the Males (Salve os Machos)", em seus escritos afirmou que o movimento feminista havia encontrado uma causa em comum com o comunismo: "Acabar com a família".

Com essa maléfica união, satanás desfere um golpe quase fatal com vistas a destruição da família. O feminismo se fortalece dentro do comunismo e por meio das suas ideologias, alcança patamares que foram apenas sonhados pelas feministas precursoras do movimento.

Nos países onde o comunismo impera, a maior estratégia de satanás é descriminalizar aquilo que é crime prescrito em lei, e por outro lado, tornar-se legal aquilo que é ilegal, formulando leis e aprovando-as através de um legislativo corrompido e de um judiciário aparelhado.

Todos os princípios estabelecidos pelo cristianismo e pela cultura judaico-cristã, que formularam a sociedade como conservadora e portadora dos bons costumes, estão sendo modificados, minados e por vezes extintos, para dar lugar a uma onda de padrões modernos completamente pervertidos e imorais. Estamos diante de cenários tão grotescos e até bizarros que sinceramente são capazes de fazer Mary Wollstonecraft se revolver no túmulo por indignação, por ver que não era nada parecido com isto, o que ela reivindicava em sua época.

Quando mencionei o projeto de Deus, a família, falei da formulação dada por Deus, a qual seria a ordem correta para o seu funcionamento: O homem como cabeça e provedor, a mulher como sua ajudadora administrando o lar e cuidando diretamente da educação e do cuidado dos filhos, que por sua vez se submetem e obedecem aos seus pais. Esse foi o padrão funcional estabelecido por Deus. Satanás então entra com o seu plano através do movimento feminista e idealiza desmoralizar a figura masculina através da falta de submissão da mulher, com a alegação de que o trabalho doméstico é um fardo pesado, rebaixa a mulher e impede o seu crescimento enquanto pessoa, e não lhe dá chance de se profissionalizar. Com isso ele consegue retirar a mulher do seu lar e obriga-a a terceirizar o serviço doméstico. Sua saída para o mercado de trabalho causa dois danos irreparáveis: Ela se distancia do seu marido e fica exposta ao contato de outros homens.

Desde que isso aconteceu, vários foram os casos de separação por diversos motivos: Às vezes porque a mulher se sentindo empoderada começou a cobiçar alguns homens a sua volta por serem mais bonitos e atraentes que seus maridos, às vezes por serem assediadas por homens que as desejavam e as queriam a todo custo, às vezes por estarem em posição de maior ganho que o marido, e às vezes por esfriamento do sentimento por não ter mais com o esposo aquele contato caloroso que tinha antes.

O quadro se torna pior, quando nascem os filhos, incialmente ela terceirizou o seu papel de administradora do lar, agora em função do seu ofício, terceiriza o cuidado e educação dos seus filhos, e aqui está o segundo e um dos maiores danos, pois ela enquanto mãe e cuidadora, seria responsável por incutir no coração dos filhos os princípios éticos, morais e o padrão de Deus. Estando agora fora de casa, os seus filhos ficaram a mercê de tudo o que não presta: programações televisivas, jogos virtuais, acesso excessivo aos celulares e dos cuidados de uma empregada doméstica que não será capaz de educá-los, e já até ocorreram casos de empregadas pedófilas que perverteram e abusaram dos filhos dentro da sua própria casa. Há o momento do período escolar, em que os filhos estão expostos a qualquer tipo de doutrinação, pois suas mães não tem tempo de acompanhar o seu desenvolvimento escolar e aquilo que está aprendendo.

No primeiro capítulo, falei da ideia da feminista e comunista Alexandra Kollontai, a qual declarou que os filhos deveriam ser responsabilidade do Estado e não dos pais, a sua ideia foi o embrião do projeto creche de tempo integral, a terceirização da criação e educação dos filhos. Neste contexto, as mães cometem o maior mal que poderiam fazer aos seus filhos, expô-los aos cuidados alheios enquanto ainda bebês. Imaginem como seria a cabeça de um rapaz, que foi entregue a esse tipo de cuidado quando ainda bebê, passou a sua infância, a sua adolescência, sua juventude na ausência completa dos pais? Será que terá respeito por eles? Será submisso e plenamente obediente a eles? Impossível! Mas, é esse padrão de homem que as mães hodiernas estão entregando à sociedade. Vivemos hoje em um mundo em que a delinquência, a marginalidade e o crime organizado envolvendo crianças e adolescente é uma triste realidade, pois é exatamente o fruto desta semeadura, a maioria desses jovens é o resultado desta néscia decisão de mães que terceirizaram tanto o cuidado dos filhos como a sua educação desde a sua tenra idade.

Acertadamente a Palavra de Deus há mais de dois milênios atrás falou desse cenário, e hoje, lemos o que foi dito pelo apóstolo Paulo a respeito do perfil do homem da sociedade atual, e da que está por vir: *"Sabe, porém, isto: que nos últimos dias sobrevirão tempos trabalhosos, porque haverá homens amantes de si mesmos,* *avarentos, presunçosos, soberbos, blasfemos, <u>desobedientes a pais e mães</u>, ingratos, profanos, sem afeto natural, irreconciliáveis, caluniadores, incontinentes, cruéis, sem amor para com os bons, traidores, obstinados, orgulhosos, <u>mais amigos dos deleites do que amigos de Deus</u>, tendo aparência de piedade, mas negando a eficácia dela. Destes afasta-te"* (2Tm 3:1-5). Percebe que esse é o caráter descrito por Paulo a seu filho na fé, Timóteo, a respeito do homem do tempo do fim, e é o que já estamos vendo em nossos dias, homens sem virtude e cheio de todo sentimento ruim, fruto de um lar que não os ensinaram nenhuma virtude e não os educou para o bom convívio social.

Sem medo de errar, faço uma previsão que do modo como as pessoas estão agindo, alienadas de Deus e completamente alheias aos seus princípios, e vendo como o mundo vive atualmente uma verdadeira inversão de valores, não será de se espantar que as mulheres que foram doutrinadas pelo feminismo, além de terem terceirizado a administração das suas casas e terceirizado o cuidado e a educação dos seus filhos, terceirizarão também os cuidados dos seus maridos. Poderemos em um futuro não muito distante, sermos testemunhas de opções como garotas que serão contratadas para acompanhar maridos que saem de férias sem as esposas, enquanto elas trabalham e não podem tirar férias no mesmo tempo que seus maridos. Hoje, podemos classificar tal fato como absurdo, mas não será, pois atualmente a sociedade já aceita como normal, situações que há séculos e até décadas atrás eram absurdas, anormais e inaceitáveis para o convívio social.

Obviamente a maior satisfação de satanás é ver o total desvirtuamento da família, a degradação moral do ser humano e por fim, a sua destruição completa. Cada transformação social que veio ocorrendo na sociedade, desde os tempos mais remotos, foram ataques frontais aos princípios e aos valores de conservação da família. Nisso admitimos a perspicácia desse vil inimigo, ele não tem pressa quando se trata de resultados de longo prazo. Ele age sorrateiramente sem se projetar, sempre no anonimato, e vai conseguindo os seus intentos. Como o sistema deste mundo está sob seu domínio, ele utiliza de todos os artifícios e mecanismos para alcançar os seus objetivos. Age através da moda, da imprensa, revistas, jornais, filmes, novelas, séries, jogos, todos os tipos de entretenimento criado por ele mesmo, para distração, roubando o tempo das pessoas e corrompendo as suas mentes e os seus valores.

É notório que em todos esses mecanismos, estão presentes as pautas disseminadas por ele, como: homossexualismo, ideologia de gênero, aborto, feminismo, comunismo, socialismo, lesbianismo, pedofilia e o ataque descarado à ortodoxia cristã e aos seus valores conservadores. As pessoas usadas por ele vão desde: artistas, atores, jornalistas, políticos de todos os poderes da república e metacapitalistas (burocratas que dominam o estado para criar barreiras à concorrência e dominar o sistema econômico, inimigos do liberalismo econômico declaradamente, antiliberais). Algumas dessas pessoas, em alguns casos, podem até agir enganadas, pensando que estão fazendo as suas vontades e agindo pelo bem social, enquanto que na verdade estão sendo manipuladas por satanás no cumprimento dos seus desígnios.

Assim, esse cruel inimigo segue manipulando homens e mulheres ímpias, com as suas mentes colonizadas por ele corrompidas em seus pensamentos, fazendo a sua vontade e destruindo gradativamente os valores tão sagrados que constituem a formação do projeto de Deus, a família.

Capítulo 6
O PERFIL DA MULHER MODERNA

"O maior desafio da mulher de Deus hoje, é ser María em um mundo dominado por Martas". (Sílmar Sílva Moreira).

Certa vez, fui a uma livraria comprar um livro para presentear uma irmã que fazia aniversário naquela data, entre os livros que vi, encontrei um que falava sobre a mulher virtuosa, mas, ao ler a síntese do livro fiquei assustado, e vi como a autora, deu um enfoque feminista ao assunto, dizendo o tempo todo que essa mulher virtuosa é aquela que empreende, trabalha, faz planos e projetos, funda empresas e faz negócios, e em nenhum momento realça o verdadeiro papel e foco da mulher virtuosa segundo Deus.

Analisando provérbios 31, veremos que o papel da mulher virtuosa é exatamente a estratégia do Senhor para a construção da família. O projeto de Deus. Por essa razão, satanás ao longo dos séculos veio elaborando estratégias para minar esses valores, usando mulheres ímpias, tolas e néscias, as quais levantaram o movimento feminista para reivindicar direitos desnecessários, que por fim, afetaram suas próprias vidas e famílias. A maioria dessas mulheres feministas era: promíscuas, adúlteras, lésbicas, pedófilas e desapegadas da família abrindo mão de todas as suas virtudes.

A feminista e comunista russa Alexandra Kollontai, já havia observado e admitido que a mulher se tornou duas vezes oprimida, uma pelo exaustivo trabalho doméstico e outra pelo seu ofício de operária, trazendo sobre si a chamada dupla jornada. Mas, essa observação não serviu para frear o intento feminista, cada vez mais as mulheres foram se tornando adeptas da ideia de terem uma profissão fora do seu lar e assim, o mundo seguiu embebido dessas ideias feministas, e aqui estamos nós, vivendo em um mundo todo atrapalhado, uma sociedade com os seus padrões comprometidos, os seus valores invertidos e alguns até extintos.

Há uma passagem bíblica que é pertinente ao tema "mulheres laboriosas", que já nos dias contemporâneos a Cristo, a mulher se mostrava preocupada com coisas secundárias deixando de lado o que deveria ter primazia. O contexto é esse:

> "E aconteceu que, indo eles de caminho, entrou numa aldeia; e certa mulher, por nome Marta, o recebeu em sua casa. E tinha esta uma irmã, chamada Maria, a qual, assentando-se também aos pés de Jesus, ouvia a

sua palavra. Marta, porém, andava distraída em muitos serviços e, aproximando-se, disse: Senhor, não te importas que minha irmã me deixe servir só? Dize-lhe, pois, que me ajude. E, respondendo Jesus, disse-lhe: Marta, Marta, estás ansiosa e afadigada com muitas coisas, mas uma só é necessária; e Maria escolheu a boa parte, a qual não lhe será tirada" (Lc 10:38-42).

Esse texto nos mostra Marta e Maria, duas irmãs amigas de Jesus que o receberam em sua casa, Maria sempre preferia estar aos pés do Senhor para ouvir as suas palavras e Marta, por sua vez, não dava importância a isto, e se preocupava com os afazeres domésticos, ao ponto de ficar incomodada de ver que sua irmã não a ajudava. Nota que a Palava diz que ela andava distraída com os afazeres, ao ponto de repreender o Mestre por não importar que a sua irmã a deixasse servir só, mas Jesus lhe diz, que estava ansiosa e afadigada com muitas coisas e que a sua irmã havia escolhido a melhor parte, que era estar ali ouvindo os seus ensinamentos acerca do Reino de Deus, e que isso não lhe seria tirado. Veja que interessante, vemos que nesta cena, o importante para Deus era a disposição de parar e ouvir os ensinamentos do seu Filho Jesus, e o labor daquele momento é o que deveria ser secundário. Comparando com o cenário que temos hoje, o que Deus quer é que a mulher se responsabilize pelo papel que Ele a destinou, e entenda que todos os outros são secundários. E neste contexto, vale fazermos uma reflexão: "O maior desafio da mulher de Deus hoje, é ser Maria em um mundo dominado por Martas".

Hoje em dia, as mulheres que fizeram a escolha de irem para o ambiente de trabalho fora do seu lar, lotam-se de afazeres e de obrigações, sempre cobrando de si mesma a perfeição em tudo aquilo que faz. Passa o dia no trabalho lutando para evoluir em sua carreira, ao mesmo tempo em que pensa nas tarefas domésticas, ligando para casa e querendo saber como as coisas estão caminhando. Indubitavelmente, essa sobrecarga irá provocar uma descarga de energia que poderá culminar em uma patologia, como o caso do estresse profundo, síndrome do pânico, Bornout e outras doenças psicossomáticas. Ainda assim, muitas vão avante, dando ouvidos as filosofias feministas que as fortalecem em seu senso crítico quando dizem: *"Ser mulher nos dias de hoje é ter a noção de que são as nossas diferenças que nos tornam únicas e capazes de conquistarmos qualquer profissão e espaço social a partir da nossa identidade, competência e extrema capacidade de ir além".* As mudanças das últimas décadas que seguiram as vertentes dos ideais feministas, acabaram criando obstáculos para as mulheres que passaram a entender que, equilibrar tarefas familiares, objetivos pessoais e profissionais sem sobrecarregar o corpo e a mente, se tornaram desafios diários e quase impossíveis de se alcançar.

Com vistas a desafios como esses, e no intuito de fortalecer o movimento e não deixar que a sua ideologia naufrague, o feminismo enche a cabeça das mulheres com falsas teorias dizendo: *A mulher contemporânea acumula vitórias com a sua inserção no mercado de trabalho, ampliação de sua liberdade sexual e reprodutiva, a conquista da independência financeira e dos direitos políticos.* A sociologia entra em cena filosofando que no século XXI, o papel da mulher está em transformação, permitindo novas escolhas individuais, e que a evolução do seu papel na sociedade foi considerada um fenômeno sociológico crucial no século passado quando as novas leis contribuíram para a equidade de gênero, abordando questões como igualdade profissional e violência doméstica.

Essa filosofia segue a sua esteira sedutora, tentando empoderar cada vez mais a mulher com as suas falas retóricas e suas reflexões doutrinárias quando dizem: "Quem é a mulher contemporânea? É a mulher que reflete e age de forma contrária ao senso comum. É aquela que enxerga e tenta minimizar as problemáticas que envolvem o universo feminino enraizadas na nossa sociedade patriarcal". E outras como: "O sexo feminino também costuma ser mais paciente e detalhista". "As mulheres têm mais paciência, algo essencial para lidar com a equipe". "As mulheres também têm uma sensibilidade mais apurada, o que permite que elas percebam o ambiente com mais facilidade do que os homens".

Todas essas falas, apontam para um fortalecimento da doutrinação feminista, animando cada vez mais as mulheres a se atirarem no mercado de trabalho, e muitas até somam a todo esse labor, a sua adesão a um curso universitário sobrecarregando mais ainda a sua rotina. Somando-se a isto, temos ainda o discurso feminista que rebaixa a figura masculina elevando sempre a figura feminina, colocando homem e mulher em um front de batalha, para disputarem quem é melhor do que quem, quem presta e quem não presta. Neste ponto é onde está o perigo, pois as feministas desde a muito tempo vêm trabalhando para a nulidade da figura masculina, quando não muito, empoderando a mulher elevando-a a uma competência maior do que a dos homens, e realçando nela virtudes com mais nobreza que as dos homens com o objetivo de desestruturação da família. Quero mais uma vez apresentar o que pensa Campagnolo sobre o assunto. Ela diz:

> Existem duas formas de atacar e destruir a família. A primeira é dizer que os homens não prestam e a segunda é dizer que quem não presta são as mulheres. O feminismo cumpre a primeira tarefa, e certas ondas masculinistas, a segunda. O cristianismo por outro lado, é a solução que desvenda o problema: todos são maus, pecaram e destituídos estão da glória de Deus. Para compensar, devem amar um ao outro e perdoar infinitamente. A guerra dos sexos acaba na cruz que pode

salvar, indistintamente, a alma do homem e da mulher. (Campagnolo, p.375 – 2019).

O mundo atual está tomado por mulheres que abandonaram o seu lar em função da sua projeção pessoal e profissional; mulheres que deixaram o seu papel principal de esposas e mães, administradoras do lar e se comprometeram de corpo e alma no seu profissionalismo. Outras, que se sentindo cobradas por suas consciências, arrisca desempenhar a chamada dupla jornada e se sobrecarregam, tentando serem esposas, mães, administradoras do lar e funcionária no seu local de trabalho, e isso até piora quando no seu trabalho ela desempenha uma função de gerente, diretora, supervisora ou qualquer outra função de chefia, e o resultado disso são mulheres cansadas, estressadas, iradas, indispostas a relação sexual com o marido, mães desatentas e se são mulheres cristãs, muitas vezes sem tempo para Deus, não conseguem tempo para orar, ler a Bíblia e participar ativamente de algumas programações da Igreja.

Certa vez um pastor pregando sobre a ordem dada por Deus ao rei Ezequias quando disse: *"Põe em ordem a sua casa, porque morrerás, não viverás"* (II Rs.20:1b). Em sua pregação dizia: Homens não matem os seus casamentos para salvar as suas profissões; esposas, não sacrifiquem as suas famílias, suas casas para preservar o seus empregos ou a suas vidas acadêmicas, a casa é prioridade, dizia ele, Deus está falando com Ezequias e está falando com cada um de nós neste momento, ponha em ordem a sua casa, porque se a sua casa não está em ordem a sua vida inteira estará desordenada, lembra ainda que quando Paulo orienta Timóteo a escolher as lideranças da igreja, alguém que vai ser referência para a congregação, ele diz:

"Esta é uma palavra fiel: Se alguém deseja o episcopado, excelente obra deseja. <u>Convém, pois, que o bispo seja irrepreensível, marido de uma só mulher</u>, vigilante, sóbrio, honesto, hospitaleiro, apto para ensinar; não dado ao vinho, não espancador, não cobiçoso de torpe ganância, mas moderado, não contencioso, não avarento; <u>que governe bem a sua própria casa, tendo seus filhos em sujeição, com toda a modéstia (porque, se alguém não sabe governar a sua própria casa, terá cuidado da igreja de Deus</u>?); não neófito, para que, ensoberbecendo-se, não caia na condenação do diabo. Convém, também, que tenha bom testemunho dos que estão de fora, para que não caia em afronta e no laço do diabo. Da mesma sorte os diáconos sejam honestos, não de língua dobre, não dado a muito vinho, não cobiçosos de torpe ganância, guardando o mistério da fé em uma pura consciência. E também estes sejam primeiro provados, depois sirvam, se forem irrepreensíveis. Da mesma sorte as mulheres sejam honestas, não maldizentes, sóbrias e fiéis em tudo.

<u>Os diáconos sejam maridos de uma mulher e governem bem seus filhos e suas próprias casas</u>. Porque os que servirem bem como diáconos adquirirão para si uma boa posição e muita confiança na fé que há em Cristo Jesus.

Ele dizia ainda: Observe o que diz a Palavra: que ele seja marido de uma só mulher, que tenha seus filhos sob sua sujeição etc. Porque, quem não governa bem a sua casa, como é que vai conseguir governar o resto? Finalizou dizendo: Se você não aprende a governar bem a sua casa, você não governará nada. Você será um fracasso. Esse pastor, certamente estava muito preocupado com o tanto de membros da sua igreja que estavam praticando essa inversão de valores. Esta pregação nos faz refletir sobre algo que é uma regra universal: a nossa casa, nossa família, é o nosso ponto de partida, a partir dela podemos construir ou destruir nossos sonhos, se estamos bem em nossa casa e com a nossa família, todo o resto ficará bem.

Perceba que, há casos em que não só a mulher deve considerar se convém ou não seguir uma carreira profissional e, ou acadêmica, como também o homem, se esta carreira estiver causando impedimentos para o bom andamento da sua família e da sua vida com Deus.

Passei por uma experiência similar, quando assumi uma função de gestor na empresa onde trabalho. Naquela ocasião eu tinha que viajar muito, fazendo cursos em vários estados do Brasil, participando de várias conferências e reuniões que falavam de gestões diversas; adquiri "know how" em regularização de conjuntos habitacionais fazendo isso por todo o estado de Rondônia; fiquei mais de um ano neste labor, voltava para casa na sexta-feira à tarde e voltava no domingo à noite. Por conta de todo este labor, começava a não ter tempo para a obra de Deus, para minha esposa e minha casa. Embora ainda não tivesse filho, ainda assim, deixava o meu relacionamento muito a desejar. Cada dia que passava eu percebia Deus falando comigo, que aquilo não estava certo, até que um dia o pastor que cuidava de mim e da minha esposa como discipulador, ao sair da minha casa após uma comunhão, me disse: "Querido, precisamos conversar depois, sobre o seu trabalho". Eu respondi: Tudo bem! Mas, ao sair dali comecei a conjecturar frase em meus pensamentos como: "O que ele vai me dizer, esse é o meu trabalho, o meu sustento? Não posso abrir mão, senão como vou trazer a provisão para minha casa! Criei naquele momento uma resistência, mas, ao deitar, o Espírito Santo começou a me dizer que eu estava errado, estava colocando o trabalho como prioridade e esquecendo-me da minha casa e do meu Deus. Convencido por Deus, não esperei que ele conversasse comigo sobre o assunto, naquela semana, abri mão das viagens e me preparei para não ser mais um gestor e passei a contentar-me apenas com a função de assistente, a qual não me exigira tanto labor e assim passei a ter tempo para minha casa, minha esposa e o meu Deus. Foi uma escolha que tive que fazer as duras penas; tive que baixar o meu nível, fazer mais economia na gestão da minha casa, pois a partir de então, a minha renda reduziu consideravelmente. Mesmo tendo que fazer esse sacrifício, não me arrependo de tê-lo feito, pois o resultado foi positivo, preservei a minha fé, ordenei a minha casa, o meu relacionamento conjugal e consegui ter tempo para a obra de Deus e a minha comunhão com Ele.

Por isso devemos entender que, o que esse movimento feminista fez e continua fazendo no mundo, é um verdadeiro desvirtuamento dos princípios e padrões estabelecidos por Deus, o qual nos apresenta em Provérbios 31 de forma caprichosa, o modelo da mulher virtuosa segundo Deus e nos revela que todas as faces das suas virtudes estão diretamente relacionadas com os cuidados da sua casa, a edificação e construção da vida dos seus filhos, o amor e cuidado que externa pelo seu marido; o seu foco principal, não é a sua projeção pessoal fora da sua família, mas todo zelo e cuidado para com ela e da obediência e temor a Deus e os seus princípios.

Capítulo 7

O FOCO DA MULHER VIRTUOSA

"A Mulher virtuosa foca no temor do Senhor, na sua família, na sua casa, no seu marido, nos seus filhos e nunca nos seus ideais, nos seus afazeres ou na sua projeção pessoal" (Silmar Silva Moreira).

Diferente do que muitos pensam, a mulher virtuosa não é aquela que define a sua vida a partir da sua projeção pessoal, ou do seu profissionalismo, embora o mundo de hoje esteja todo arregimentado, cheio de aparatos, regras e leis que apontam para este foco, ela concentra a sua vida na busca constante da vontade de Deus; para ela, viver sabiamente é temer a Deus. Obviamente como toda mulher que quer ser feminina, ela se cuida, se embeleza, mas essa beleza exterior, também não é a sua preocupação primária, ela entende que o cuidado principal deve ser com o seu interior, em seu coração pulsa aquela preciosa observação de Deus quando disse: *"Enganosa é a graça e vaidade a formosua, mas a mulher que teme ao Senhor, essa será louvada"* (Pv.31:31). Ela não se distrai com coisa alguma, o seu olhar está fito na pessoa de Jesus, o seu coração guardado nos mandamentos de Deus e os seus pensamentos buscam coerência com a Sua Palavra. Nada no mundo, para ela, é mais importante do que o Reino de Deus, a sua alma todo o tempo engrandece ao Senhor e o seu espírito se alegra em seu salvador.

Embora o mundo tenha preparado a mente das mulheres modernas a serem independentes, não se importando com o que pensam os seus maridos, mostrando prioritariamente que elas devem se cuidar, se embelezar, se vesitr com roupas belíssimas, caras, sapatos suntuosos e outros paramentos, a mulher virtuosa, por estar centrada na Palavra de Deus, observa o que nela está escrito:

> "Semelhantemente, vós, mulheres, sede sujeitas ao vosso próprio marido, para que também, se algum não obedece à palavra, pelo procedimento de sua mulher seja ganho sem palavra, considerando a vossa vida casta, em temor. <u>O enfeite delas não seja o exterior, no frisado dos cabelos, no uso de joias de ouro, na compostura de vestes, mas o homem encoberto no coração, no incorruptível traje de um espírito manso e quieto, que é precioso diante de Deus</u>. Porque assim se adornavam também antigamente as santas mulheres que esperavam em Deus, e estavam sujeitas aos seus próprios maridos; como Sara obedecia a Abraão, chamando-lhe senhor, da qual vós sois filhas, fazendo o bem e não temendo nenhum espanto" (1Pe 3:1-6).

Essa Escritura nos dá uma boa dica daquilo que Deus espera de uma mulher que quer viver de acordo com a sua vontade, que escolhe uma vida casta em temor, e não as regras e os ditames deste sistema mundano e corrompido. Enquanto o mundo insiste em impor esse padrão, Deus continua mostrando como a mulher que quer agradá-lo deve se portar, não foi sem razão que o apóstolo Paulo recomendou o mesmo que escreveu o apóstolo Pedro em sua primeira epístola a Timóteo dizendo: *"Que do mesmo modo as mulheres se ataviem em traje honesto, com pudor e modéstia, não com tranças, ou com ouro, ou pérolas, ou vestidos preciosos, mas (como convém a mulheres que fazem profissão de servir a Deus) com boas obras"(I Tm.2:9-10).* Paulo está recomendando que as mulheres cristãs devem ser notadas por sua bondade e virtude, e não pela maneira como arrumam o cabelo ou por causa das jóias ou roupas extravagantes que usa.

"Li certa vez em um livro do autor chinês, Watchman Nee" algo louvável por parte de uma irmã na China que se convertera ao evangelho. Essa irmã era de família rica e sempre se vestia suntuosamente, com o passar do tempo fora incomodada pelo Espírito Santo, para ver que a maioria das irmãs naquela igreja se vestiam modestamente, outras até repetiam a mesma roupa em várias reuniões, por serem de poucas posses e não terem como comprar várias roupas. Essa irmã foi tocada pelo

Espírito Santo a abrir mão da sua vaidade e passou a se vestir também com modéstia, como as demais irmãs, embora tivesse condições de continuar se vestindo com suntuosidade. São mulheres com este coração que o Senhor quer como discípulas, pois era mais fácil ela abrir mão da vaidade de se vestir com roupas caras e extravagantes, do que ter que comprar roupas caras e extravagantes para todas as irmãs. Certamente aquela amada irmã através do Espírito Santo, percebeu o constrangimento que causava as suas irmãs em Cristo, por isso preferiu ouvir a voz de Deus.

Tito em sua epístola, se preocupa em que as mulheres idosas sejam sérias no seu viver, como convém a santas, não caluniadoras, não dadas a muito vinho, mestras no bem, e fala isso visando uma finalidade que é nada mais que a perpetuação do estilo de vida de uma mulher virtuosa de acordo com a vontade de Deus, ele diz: *"Para que ensinem as mulheres novas a serem prudentes, a amarem seus maridos, a amarem seus filhos, a serem moderadas, castas, boas donas de casa, sujeitas aos seus maridos, a fim de que a palavra de Deus não seja blasfemada"* (Tt.2:4-5).

Percebe onde está a preocupação de Deus, no tocante ao papel da mulher? É certo que nenhuma ocupação, tarefa, feito, atividade ou obra, que neste mundo se faça, ainda que seja com a maior das melhores intenções, visando o bem social ou mesmo supostamente feito para Deus, é maior ou mais acertado, do que aquela que está de acordo com a vontade divina.

Sei que existem mulheres cristãs que se profissionalizaram quando solteiras e que, depois que tiveram filhos foram desafiadas a deixarem o seu trabalho e passaram a dedicar-se somente a sua família, outras que fizeram uma redução de jornada de trabalho, para ter mais tempo para sua família. Embora, este último caso não seja o ideal, mas a atitude da irmã foi louvável, isso denota uma ação temporária para mitigar os seus problemas, até que possa por fim, se dedicar plenamente a sua família.

Entendo perfeitamente que muitas mulheres cristãs, não conseguiram compreender à luz da Palavra de Deus, qual é o seu papel, por isso muitas caíram no engodo da pregação do feminismo e escolheram a dupla jornada, entendendo que desta forma, também é possível agradar a Deus. Isso é um grande desafio, pois se trata de uma atitude que acrescenta alguns itens a mais, além daqueles elencados por Deus em sua Palavra, e as experiências que vemos hoje em dia, provam claramente que é impossível efetuar com excelência as duas coisas, sempre se verá o resultado de uma sobressair em detrimento da outra. A prova maior são as entregas feitas à sociedade atual, as escolhas dessas mães estão produzindo homens frouxos, confusos, afeminados, sem iniciativa e nos casos das mulheres cristãs, homens sem carga pelo reino de Deus e outros que não amam e não temem a Deus.

Já me perguntaram: Então você quer dizer que as mulheres não devem estudar, se profissionalizar e nem trabalhar? Essa foi a resposta que dei: Quando a Bíblia fala da mulher virtuosa, está falando de uma mulher casada, e a minha resposta foi: Sim! As moças devem estudar, se profissionalizar trabalhar, aprender tudo sobre culinária, sobre os cuidados da casa, devem observar como as suas mães tratam os seus esposos, observar como os seus pais tratam as suas esposas e as suas filhas. Todas essas observações e preparação farão parte das virtudes que terão.

Quantos casamentos nos dias de hoje acabam por falta de sabedoria da mulher, tanto por não ter tempo para o marido, como não priorizá-lo em sua vida, bem como pela atenção que não dá a ele. Creio que quando a Palavra diz: *"Toda mulher sábia edifica a sua casa, mas a tola derruba-a com as suas mãos"* (Pv.14:1), se aplica inclusive em casos como esses. Certa vez uma irmã testemunhou que estava ficando chateada e estressada com o seu esposo, porque todas as vezes que escovava os dentes, deixava a escova molhada em cima da pia. Isso era uma rotina para ele, todos os dias repetia a mesma coisa. Um dia disse ela: Eu havia limpado o banheiro com água sanitária e apliquei um produto desodorizante, o banheiro estava impecável, até o momento em que ele foi lá escovou os dentes e saiu para o seu trabalho, verifiquei que a escova molhada estava em cima da pia e a pia toda encharcada de água misturada com creme dental, como de costume. Fiquei transtornada e disse para mim mesma: Hoje ele vai ouvir, vou falar poucas e boas para ele! Vou jogar essa escova no lixo! Eu já estava preparando uma briga. Mas, parei e comecei a falar com Deus: Senhor, creio que não vale a pena eu fazer isso, eu já falei muitas vezes para ele, não muda esse comportamento! Pai eu decidi que a partir de hoje, eu vou secar a pia, vou pegar a escova dele, secá-la e guardar como deveria ser feito. Não vou brigar com meu esposo por causa disso. Naquele momento tive a sabedoria de fazer algo que mudou as nossas vidas: Fiz uma foto da escova molhada sobre a pia, mandei pelo WHATSAPP e escrevi a frase "te amo mesmo assim". Ele respondeu com risos: "kkkkk", eu fiz a mesma coisa "kkkkk", ficamos ali trocando risos, mas, o mais incrível é que depois daquele momento, ele nunca mais deixou a escova molhada sobre a pia.

Esse testemunho nos mostra como uma mulher sábia pode conduzir bem a sua relação com o seu marido e mudar radicalmente o seu comportamento sem comprometer o clima da sua casa. Aqui aplica se a parte "a" do versículo de Provérbios 14:1 *"Toda mulher sábia edifica a sua casa..."*

Havia em certa cidade um homem que todas as vezes que saía do seu trabalho, antes de chegar em casa, parava em um bar que distava cerca de trezentos metros da sua casa e ali ficava, pedia uma cerveja, descalçava os sapatos, colocava os seus pés sobre outra cadeira, abria o seu jornal e começava a ler. Ficava ali por horas, quase perto do anoitecer. Um amigo que também frequentava o mesmo bar percebeu aquela rotina e o questionou: Amigo, posso saber por que todas as vezes que você sai do trabalho, prefere ficar neste bar por horas em vez de ir primeiro para casa, tomar um banho e depois vir para o bar? O homem com um semblante triste respondeu ao amigo dizendo: É que aqui no bar, eu fico a vontade, tiro os calçados, coloco os pés sobre a outra cadeira e até sobre a mesa se eu quiser fazê-lo, leio o meu jornal tranquilamente, tomo a minha cerveja e ninguém fala mal, ninguém briga comigo e nem me expulsa do local. Lá na minha casa, quando eu chego, a mulher não me deixa entrar com os calçados, já me recebe xingando, não tenho tranquilidade para ler meu jornal, enfim! Lá eu não sou bem recebido. Por isso, prefiro fazer tudo isso no bar para depois chegar em casa, já no horário de tomar banho jantar e dormir. Perceba que esse testemunho é diferente do anterior, temos aqui uma mulher tola, o marido não é a sua prioridade, ela está preocupada com todas as outras coisas, menos em agradar o seu esposo, que inclusive está vindo do seu trabalho, o lugar de onde ele extrai os recursos para suprir a sua casa. Neste caso aplica se a parte "b" de Provérbios 14:1 *"... mas a tola derruba-a com as suas mãos"*.

Há um provérbio da cultura popular que diz que uma boa mulher, é aquela que protege a sua casa dos perigos oriundos de fora e dos perigos dos seus próprios pecados. E assim diz o sábio: "Mulheres, protejam os seus maridos dos perigos de fora, mas, principalmente dos seus próprios pecados: da sua ira descontrolada, das suas indiferenças, e principalmente proteja-os da sua falta de respeito e submissão. Mães, protejam os seus filhos dos perigos de fora, mas principalmente dos seus próprios pecados: da sua rejeição, do seu abandono, da sua falta de tempo com qualidade, da falta dos seus cuidados e da sua atenção. Se quiser ser uma boa esposa e uma excelente mãe, comece a ser exemplo para eles em tudo. Todo lar deveria ter uma esposa e uma mãe parecidas com a mulher virtuosa de Provérbios 31".

Quando Deus nos mostra o perfil da mulher virtuosa, nos direcionam a ver que o seu foco é o temor do Senhor, a sua família, a sua casa, o seu marido, os seus filhos e nunca os seus ideais, os seus afazeres ou a sua projeção pessoal. Nos mostra uma mulher desprendida desses valores seculares e focada na sua missão, a qual fora definida por Ele. Como nos nossos dias é raro encontrar mulheres que pensam assim, talvez seja esta a razão que o primeiro versículo do capítulo 31 de Provérbios seja uma frase desafiadora: *"Mulher virtuosa, quem a achará? O seu valor muito excede o de finas joias"* (Pv.31:10).

Capítulo 8
ALGUMAS EXCEÇÕES CONSIDERÁVEIS

"Todas as coisas me são lícitas, mas nem todas me convêm; todas as coisas me são lícitas, mas eu não me deixarei dominar por nenhuma delas" (I Co.6:12).

É necessário dizer que como todas as regras tem exceções, aqui também há algumas a serem aplicadas. <u>O primeiro caso, é a mãe solteira ou mãe solo,</u> como dizem hoje em dia. Se essa mulher trabalha fora, se envolve com o labor secular não estará desagradando a Deus, deixando de cuidar integralmente da sua casa? Creio que não! Ela não tem marido e embora tenha filhos, precisa trazer o sustento para sua casa. Acredito que neste caso a dupla jornada é necessária. Ela estará vivenciando uma situação circunstancial, se futuramente adquirir um marido, que seja o provedor da sua casa, então poderá a partir de então colocar em prática sua obediência a Palavra de Deus, servindo e administrando sua casa em tempo integral. <u>O</u>

segundo caso, são as mulheres recém-casadas sem filhos, acredito que se combinado com o marido e ela se propõe a trabalhar fora enquanto não tem filhos, essa também não estará desagradando a Deus, pois tem a anuência do marido, possivelmente dará conta também de uma dupla jornada. E como ainda não tem filhos, poderá fazer desta forma, sem a consequência do prejuízo emocional que seus filhos teriam, se ela os tivesse nesta fase da sua vida. O terceiro caso, uma situação temporária devido uma crise momentânea. Novamente em um caso como este, havendo a anuência do marido, ela poderá trabalhar fora de casa, até que a crise passe, e tudo voltem ao normal. Certamente por ser uma ação temporária, os filhos não sentirão tanto, e o prejuízo emocional será ínfimo e poderá ser compensado pelo retorno à normalidade. Inclusive se os filhos estiverem na idade de compreensão, é importante os pais conversarem com eles a respeito desta nova ação e garantir que de fato é temporária. O quarto caso, uma necessidade de composição de renda. Esse caso é aquele que a família não tem como se sustentar só com a renda do homem, é o caso em que a composição da renda exige que a esposa também trabalhe. E aqui também há a anuência do marido, que entende que há esta necessidade, então, ambos vão trabalhar para trazer a provisão para casa. Perceba que o caso aqui se trata de necessidades financeiras, não de um sonho de uma carreira profissional. Obviamente estamos falando de uma família com filhos; em situações como esta, geralmente o cuidado dos filhos vai ser terceirizado, ou até mesmo poderá ficar sob os cuidados de parentes como: avós, irmãos ou até tios. Por ser uma demanda de longo prazo, não descarto a real possibilidade dos prejuízos emocionais. Mas, trata-se também de um caso de exceção.

Veja que estamos falando de exceções, são inclusive para esses casos que a mulher enquanto solteira deve buscar conhecimento, se profissionalizar e aprender tudo sobre a gestão de um lar, para que possa socorrer a sua casa ajudando o seu esposo em uma situação como esta.

O que temos visto no tocante à mulher moderna é que sem necessidade ela não administra o seu lar, terceiriza o cuidado e educação dos seus filhos, não dá a atenção devida ao seu marido e foca todos os seus esforços, em seu profissionalismo, nos seus estudos e seus projetos pessoais.

Algumas até arriscam fazer as duas coisas, mas jamais vai conseguir fazer com excelência; é impossível executar de forma excelente as duas coisas ao mesmo tempo; sempre uma será executada com sucesso em detrimento da outra. Infelizmente, a ideologia feminista está arraigada na mente de muitas mulheres deste presente século, mulheres que não abrem mão do seu direito de seguir uma carreira profissional, não importando em detrimento de que ou de quem ela irá conseguir o seu sucesso.

Esta apologia que o feminismo faz a respeito da equidade de gênero, traz o seguinte questionamento: Por que o homem tem direito aos seus ideais e a mulher não? Por que só o homem tem direito a desenvolver uma carreira profissional e a mulher não? A questão aqui está mal elaborada, este questionamento, se o colocarmos dentro de um silogismo verificaremos que a sua conclusão está errada, porque a premissa também está errada, pois à Luz das Escrituras, nem o homem nem a mulher quando se tornam discípulos preservam os seus direitos; todo aquele que quer ser um discípulo começa renunciando a tudo. Lucas, o evangelista, nos revela isto quando registra o que Cristo disse a respeito do custo para ser um discípulo:

> "Ora, ia com ele uma grande multidão; e, voltando-se, disse-lhe: <u>Se alguém vier a mim e não aborrecer a seu pai, sua mãe, sua mulher, seus filhos, seus irmãos, suas irmãs, e ainda também a sua própria vida, não pode ser meu discípulo</u>. E qualquer que não levar a sua cruz e não vier após mim não pode ser meu discípulo. Pois qual de vós, querendo edificar uma torre, não se assenta primeiro a fazer as contas dos gastos, para ver se tem com que a acabar? Para que não aconteça que, depois de haver posto os alicerces e não a podendo acabar, todos os que a virem comecem a escarnecer dele, dizendo: Este homem começou a edificar e não pôde acabar. Ou qual é o rei que, indo à guerra a pelejar contra outro rei, não se assenta primeiro a tomar conselho sobre se com dez mil pode sair ao encontro do que vem contra ele com vinte mil? De outra maneira, estando o outro ainda longe,

manda embaixadores e pede condições de paz. <u>Assim, pois, qualquer de vós que não renuncia a tudo quanto tem não pode ser meu discípulo</u>" (Lc 14:25-33).

Jesus enumera nesta exposição de fatos, só os parentes de primeiro grau, e adiciona a frase: "e ainda a sua própria vida". Mas, na sua conclusão ele diz que o indivíduo deve renunciar a tudo quanto tem. Logo, ninguém que pretende ser um discípulo, terá os seus direitos preservados, mas deverá conduzir a sua vida de acordo com a vontade de Deus e nesta ação estão inclusos os nossos ideais, os nossos sonhos, as nossas aspirações, os nossos desejos, enfim! Tudo. Então, a mulher que se tornou discípula de Jesus, deve compreender aquilo que está relacionado com a vontade do Senhor e aquilo que são exceções, como nos casos aqui explicitados. Embora na Bíblia não exista nenhum mandamento dizendo que a mulher não pode trabalhar fora do seu lar e nem vislumbrar uma carreira profissional, a discípula, deve discernir entre aquilo que pode, o que não pode o que deve e o que não deve, não há mandamento dizendo que não pode, mas há direções apostólicas que dizem que não deve, como aquelas orientações de Paulo a Igreja em Corinto. O apóstolo diz: *"Todas as coisas me são lícitas, mas nem todas as coisas convêm; todas as coisas me são lícitas, mas eu não me deixarei dominar por nenhuma"* (I Co.6:12). Paulo segue na mesma toada dizendo: *"Todas as coisas me são lícitas, mas nem todas as coisas convêm; todas as coisas me são lícitas, mas nem todas edificam"* (I Co.10:23). Uma mulher discípula casada, com filhos e que não encaixa em nenhuma exceção poderia aplicar a esta direção de Paulo o seguinte argumento: "me é lícito seguir uma carreira profissional e ter o meu trabalho fora do meu lar, mas não me convém e não me deixarei dominar por esse desejo, não me convém, porque não vai trazer edificação para minha vida e meu lar". Essa é a atitude correta, para alguém que se tornou um discípulo de Jesus.

Infelizmente, a igreja hoje em dia foi contaminada com as ideias feministas neste presente século, por isso, quando se fala sobre essa possibilidade para a mulher de Deus, parece ser uma pregação machista e preconceituosa, mas não é! A Igreja de Cristo é desafiada todos os dias a caminhar separada do mundo, isto é santidade! É desafiada a não tomar a forma deste mundo, mas ser transformada todos os dias pela renovação do entendimento de uma mente que foi transformada à mente de Cristo, para poder experimentar a boa, agradável e perfeita vontade de Deus (Rm.12:1).

Vale lembrar que quando Tito recomenda o procedimento das mulheres mais velhas, expõe vários conselhos quando diz: *"As mulheres idosas, semelhantemente, que sejam reverentes no seu viver, não caluniadoras, não dadas a muito vinho, mestras do bem"* (Tt.2:3). Estas recomendações tinham uma finalidade: *"para que ensinem as mulheres novas a serem prudentes, a amarem seus maridos, a amarem seus filhos, a serem moderadas, castas, boas donas de casa, sujeitas a seu marido, a fim de que a palavra de Deus não seja blasfemada"* (Tt.2:4-5). Percebe que, em nenhum momento está dito: para que ensinem as mulheres mais novas a serem exímias empreendedoras, que se firmem nos ideais de uma carreira profissional, que primem por um belo currículo acadêmico ou por um status político-econômico. Não! Todas as recomendações estão diretamente relacionadas com a sua família.

Repito, como toda regra aqui também há exceções, e não devemos jamais, transformar uma exceção em regra. Deus foi claro quando determinou o que Ele espera da mulher que decidiu ter uma família. Gosto da linguagem atual da Bíblia viva que diz: "Estas mulheres mais idosas devem instruir as mulheres mais jovens a viverem sossegadamente, a amarem o marido e os filhos e a serem sensatas e ter a mente pura, gastando o tempo em seus próprios lares, sendo bondosas e obedientes ao marido, de maneira tal que a fé cristã não possa ser criticada por aqueles que as conhecem".

Perceba que todas as recomendações estão voltadas para a sua casa, seus filhos e seu marido, e o interessante é o desfecho: "... *a fim de que a palavra de Deus não seja blasfemada"* (Tt.2:5b). Tito externa sua preocupação em que não havendo a prática desses ensinamentos, seria possível que essas mulheres edificassem uma casa completamente fora do padrão de Deus, poderia ter seus filhos com procedimentos inversos aos princípios divinos e sendo alvos de críticas daqueles que vendo os seus testemunhos, pudessem colocar em xeque os ensinamentos cristãos. A sua abordagem é um incentivo dado às mulheres mais velhas, a fim de que elas se preocupassem com a própria conduta, para ter como transmitir para as jovens senhoras os princípios ensinados por Deus.

Capítulo 9
BREVE COMENTÁRIO SOBRE PROVÉRBIOS 31

"Lemuel é Salomão! Pelo consentimento geral dos escritores judeus e cristãos, esse nome significa alguém de Deus, pertencente a Deus" (John Wesley).

Há dois pensamentos acerca da autoria de Provérbios 31, <u>o primeiro</u> afirma que não foi escrito por Salomão, mas sim, pelo Rei Lemuel, e o capítulo 30, por Agur, ambos habitantes de Massá. Esse primeiro pensamento diz que Massá era um dos filhos de Ismael, e certamente o seu nome foi dado à cidade onde governava o Rei Lemuel e onde habitava também Agur. Veja o que diz o livro de Gênesis:

> "Estas são as gerações de Ismael, filho de Abraão, que Agar, a egípcia, serva de Sara, lhe deu; e estes são os nomes dos filhos de Ismael pela sua ordem, segundo as suas gerações: o primogênito de Ismael era <u>Nebaiote,</u> <u>depois Quedar, Abdeel, Mibsão, Misma, Dumá, **Massá**,</u> <u>Hadade, Tema, Jetur, Nafis e Quedemá</u>. Estes são os

filhos de Ismael, e estes são os seus nomes pelas suas vilas e pelos seus acampamentos: doze príncipes segundo as suas tribos" (Gn 25:12-16).

Segundo esse pensamento, Massá era uma tribo dos descendentes de Ismael, formada a partir do seu sétimo filho, Massá, um dos príncipes desta descendência. Alguns sábios que defendem essa tese afirmam que Agur e Lemuel eram irmãos filhos da Rainha de Massá, eram dois sábios ismaelitas de Massá, que tiveram contato com a literatura hebraica, e provavelmente aos escritos do Rei Salomão que ficaram conhecidos internacionalmente em sua época conforme diz a Palavra no Livro de I Reis;

"Ora, Deus deu a Salomão sabedoria, e muitíssimo entendimento, e conhecimentos múltiplos, como a areia que está na praia do mar. <u>A sabedoria de Salomão era maior do que a de todos os do Oriente e do que toda a sabedoria dos egípcios</u>. Era ele ainda mais sábio do que todos os homens, mais sábio do que Etã, o ezraíta, e do que Hemã, Calcol e Darda, filhos de Maol; <u>e a sua fama correu por todas as nações em redor</u>. Proferiu ele três mil provérbios, e foram os seus cânticos mil e cinco. Dissertou a respeito das árvores, desde o cedro que está no Líbano até o hissopo que brota da parede; também dissertou sobre os animais, as aves, os répteis e os peixes"(I Rs 4:29-33).

Esse primeiro pensamento afirma que eles registraram com sabedoria as suas palavras; apesar de não pertencerem a Israel, eram tementes a Deus e foram inspirados por Ele em suas sabedorias, tendo como privilégio o registro das suas palavras no livro de Provérbios.

Alguns estudiosos contemporâneos pensam com a seguinte afirmativa: Agur e o rei Lemuel são dois sábios que aparecem entre os autores do livro de Provérbios no Antigo Testamento. Pouco se sabe sobre quem foram esses dois homens. Os textos bíblicos apenas dizem que Agur era filho de Jaque, e que Lemuel foi um rei de Massá (Provérbios 30:1; 31:1). As identidades de Agur e Lemuel são muito debatidas. Inclusive, há uma tradição judaica que consideram esses dois nomes como pseudônimos de Salomão; numa tentativa de atribuir toda a autoria do livro de Provérbios ao rei israelita. Mas concordam que, identificar Agur e o rei Lemuel como designações alternativas para Salomão exige uma interpretação muito forçada do texto. Além disso, não há qualquer evidência de que Salomão algum dia tenha sido identificado dessa forma.

O segundo pensamento são afirmações de estudiosos eruditos que preferiram crer que o problema de tais interpretações está na transliteração e uso das palavras "Lemuel" e "Massá", explicando que os seus significados no Hebraico nos ajudam muito a entender essa segunda tese:

למואל *L ̕emuw'el* ou למואל *L ̕emow'el*
Lemuel = "para Deus" ou "pertencente a Deus";
1) o nome de um rei desconhecido a quem sua mãe dedicou as

máximas de prudência contidas em alguns dos Provérbios;
1a) talvez seja o próprio rei Salomão.

מַשָּׂא *massa'*

Massá = "fardo" ;
1) carga, porte, tributo, fardo, carregamento;
1b) elevação, levantamento, motivo pelo qual a alma se eleva;
1c) tributo, aquilo que é carregado ou trazido ou levado;
2) declaração, oráculo, peso;
3) (BDB) um filho de Ismael.

Sendo certo que aqui a palavra "Lemuel" seria traduzida como: "para Deus", ou "pertencente a Deus" e a palavra "Massá" traduzida como "oráculo". Com base nesses significados das palavras Lemuel e Massá, o texto de Provérbios 31 ficaria melhor entendido e a frase inicial do versículo primeiro ficaria assim: "AS PALAVRAS DO REI, PARA DEUS DE ORÁCULOS AS QUAIS LHE ENSINOU SUA MÃE". Essa tese define que Lemuel não é uma pessoa de outro reino e nem Massá um lugar, e que a confusão fica instalada devido essas palavras terem sido transliteradas, e não traduzidas com os seus devidos significados.

James Strong (Dicionário Strong) define "Lemuel" como: "pertencente/por Deus" e não entende que seja um nome próprio de um rei de outra nação, mas uma frase que complementa o texto. Em sua definição ficaria assim: "AS PALAVRAS DO REI, PERTENCENTE A DEUS DE ORÁCULOS QUE LHE ENSINOU SUA MÃE", e explica que é um nome simbólico dado a Salomão. "Lemeul era um apelido carinhoso para Salomão (pertencente a Deus) que a sua mãe Bateseba lhe dera". Um bom exemplo para se entender melhor essa segunda tese, está nos diversos nomes de Deus registrados nas escrituras, definidos pelos seus atributos. Por exemplo, se lermos no livro de Jó a escritura: "O Espírito de Deus me fez e o sopro do Shadday me dá vida" (Jo.33:4). Destarte ficaria confuso, visto que a palavra "Shadday" do hebraico neste exemplo foi transliterada, em vez de ter sido traduzida. Agora, se lermos com a mesma palavra traduzida, leremos desta forma: "O Espírito de Deus me fez e o sopro do Todo-Poderoso me dá vida" (Jo.33:4). Percebe como fica mais compreensível? Aqui a palavra "Shadday", foi traduzida, exponho o seu real significado para dar sentido à frase. Quando leio: "El Shadday", se não conheço o idioma hebraico ou pelo menos o significado da frase, tudo fica sem sentido para mim, e o texto fica incompreensível, mas, quando leio a sua definição: "Deus Todo-Poderoso", aí sim, tudo faz sentido, pois agora sei que se refere ao nome de Deus associado a um dos seus atributos. Foi exatamente o que defendi a respeito da Palavra inferno na minha obra: "Eternidade, dois caminhos e dois destinos", quando Jerônimo traduziu a Septuaginta, para o Latim, em vez de ter transliterado as palavras: Sheol, Geena, Hades e Tártaroo, ele preferiu traduzi-las por uma palavra latina "infernum", que na nossa língua foi definido como "inferno", essa tradução, trouxe muita confusão para o entendimento das Escrituras no tocante a palavra inferno.

O Talmude, coletânea de livros sagrados dos judeus, um registro das discussões rabínicas que pertencem à lei judia e ética judaica, costumes e história do judaísmo, traz "Lemuel" não como um nome próprio, de outro Rei, e Massá, não como um lugar, mas dá a definição desta como: "fardo, peso, sentença, carga, oráculo". E daquele como: "pertencente a Deus."

Os antigos comentaristas rabínicos identificaram "Lemuel" como Salomão. No Talmude Babilônico, o tratado de Abô, capítulo 5 diz que seis nomes foram dados a Salomão os quais são: Salomão, Jedidiahs, Qoheleth, Bem Iokon, Agur e Lemuel. Esses estudiosos identificaram Lemuel como Salomão e relataram que no dia da dedicação do Templo, ele se casou com a filha do Faraó, bebeu demais na festa do seu casamento e dormiu até a quarta hora do dia seguinte, o que fez com que a sua mãe Bateseba o repreendesse com este oráculo, advertindo-o sobre os efeitos danosos da bebida em excesso e da sagacidade das mulheres.

A versão grega, a Septuaginta, traduzida dos escritos hebraicos para o grego, não trouxe a palavra Lemuel e nem Massá, mas as expressões: "por Deus" e "oráculos". Só depois na tradução da Septuaginta para a Vulgata latina, é que essas palavras voltaram a aparecer, constando depois nas demais traduções posteriores.

Vários teólogos reformadores são da opinião de que de fato "Lemuel" não é um nome próprio de um outro rei, mas era a designação do nome dado a Salomão por sua mãe Bateseba. John Wesley foi um desses que afirmou: "Lemuel é Salomão! Pelo consentimento geral dos escritores judeus e cristãos, esse nome significa alguém de Deus, pertencente a Deus; Salomão fora dado eminentemente por Deus a Davi e Bateseba como garantia de sua reconciliação com eles após o arrependimento; possivelmente a sua mãe lhe deu esse nome para lembrá-lo das suas grandes obrigações para com Deus, e da justiça em se dedicar ao serviço de Deus".

Para dar início ao comentário proposto, prefiro não tomar partido em nenhuma dessas duas vertentes, nem fazer uso destas palavras e/ou interpretações, mas focar apenas no conteúdo de Provérbios 31, o qual será utilizado para dar vida à mulher virtuosa, aquela sugerida pela mãe do Rei como a mulher a ser encontrada e definida por Deus, como a mulher ideal. Este é o conteúdo:

Pv 31:1-9
Ensinamentos da mãe do Rei.

1 - As palavras do rei Lemuel, de Massá, que lhe ensinou sua mãe.

2 - Que te direi, filho meu? E que te direi, ó filho do meu ventre? E que te direi, ó filho dos meus votos?

3 - Não dês às mulheres a tua força, nem os teus caminhos, às que destroem os reis.

4 - Não é dos reis, ó Lemuel, não é dos reis beber vinho, nem dos príncipes desejar bebida forte.

5 - Para que não bebam, e se esqueçam da lei, e pervertam o direito de quem anda aflito.

6 - Dai bebida forte ao que está para perecer, e o vinho ao que está em amargura de espírito;

7 Bebam e se esqueçam da sua pobreza, e da sua miséria não se lembrem mais.

8 Abre a tua boca a favor do mudo, a favor do direito de todos os desamparados.

9 Abre a tua boca, julga retamente e faze justiça aos pobres e aos necessitados.

Pv.31:10-31
Características a Mulher Virtuosa

10 - Mulher virtuosa, quem a achará? O seu valor muito excede o de finas joias.

11 - O coração do seu marido está nela confiado, e a ela nenhuma fazenda faltará.

12 - Ela lhe faz bem e não mal, todos os dias da sua vida.

13 - Busca lã e linho e trabalha de boa vontade com as suas mãos.

14 - É como o navio mercante: de longe traz o seu pão.

15 - Ainda de noite, se levanta e dá mantimento à sua casa e a tarefa às suas servas.

16 - Examina uma herdade e adquire-a; planta uma vinha com o fruto de suas mãos.

17 - Cinge os lombos de força e fortalece os braços.

18 - Prova e vê que é boa sua mercadoria; e a sua lâmpada não se apaga de noite.

19 - Estende as mãos ao fuso, e as palmas das suas mãos pegam na roca.

20 - Abre a mão ao aflito; e ao necessitado estende as mãos.

21 - Não temerá, por causa da neve, porque toda a sua casa anda forrada de roupa dobrada.

22 - Faz para si tapeçaria; de linho fino e de púrpura é a sua veste.

23 - Conhece-se o seu marido nas portas, quando se assenta com os anciãos da terra.

24 - Faz panos de linho fino, e vende-os, e dá cintas aos mercadores.

25 - A força e a glória são as suas vestes, e ri-se do dia futuro.

26 - Abre a boca com sabedoria, e a lei da beneficência está na sua língua.

27 - Olha pelo governo de sua casa e não come o pão da preguiça.

28 — Levantam-se seus filhos, e chamam-na bem-aventurada; como também seu marido, que a louva, dizendo:

29 - Muitas filhas agiram virtuosamente, mas tu a todas és superior.

30 - Enganosa é a graça, e vaidade, a formosura, mas a mulher que teme ao Senhor, essa será louvada.

31 - Dai-lhe do fruto das suas mãos, e louvem-na nas portas as suas obras.

O conselho da mãe do rei o qual está escrito nos versículos 1 a 9, era que o seu filho não se deixasse levar pelo uso excessivo de bebidas e pelo envolvimento exacerbado com muitas mulheres. A sua preocupação era pertinente, pois era comum naquela época, os reis fazerem uso exagerado de bebidas, como vinho, bebidas fortes e misturadas, e eram também donos de haréns com muitas mulheres. Quanto a bebida, a sua preocupação está explicitada nos versículos 4 e 5, quando diz: *"Não é dos reis, ó Lemuel, não é dos reis beber vinho, nem dos príncipes desejar bebida forte; para que não bebam, e se esqueçam da lei, e pervertam o direito de quem anda aflito" (Pv.31:4-5).* A sua recomendação é que ele ficasse sempre sóbrio para governar com justiça, que abrisse a sua boca em favor do mudo, a favor do direito dos desamparados e que fizesse justiça aos pobres e necessitados. Quanto às mulheres, ela sabia o que uma mulher era capaz de fazer para corromper um homem, sua recomendação era que ele fosse prudente e sábio no tocante a esse assunto, e diz: *"Não dês às mulheres a tua força, nem os teus caminhos às que destroem os reis"* (Pv.31:3). Curiosamente no Livro de Deuteronômio quando Deus instrui Israel acerca do desejo de ter um Rei, o Senhor alerta sobre o ter muitas mulheres e fala do perigo desta atitude dizendo:

> "Quando entrares na terra que te dá o Senhor, teu Deus, e a possuíres, e nela habitares, e disseres: Porei sobre mim um rei, assim como têm todas as nações que estão em redor de mim, porás, certamente, sobre ti como rei aquele que escolher o Senhor, teu Deus; dentre teus irmãos porás rei sobre ti; não poderás pôr homem estranho sobre ti, que não seja de teus irmãos. Porém não multiplicará para si cavalos, nem fará voltar o povo ao Egito, para multiplicar cavalos; pois o Senhor vos tem dito: Nunca mais voltareis por este caminho. <u>Tampouco para si multiplicará mulheres, para que o seu coração se não desvie</u>; nem prata, nem ouro, multiplicará muito para si" (Dt.17:14-17).

O próprio livro de Provérbios e o Livro de Eclesiastes estão recheados de recomendações aconselhando fugir da mulher estranha e lisonjeira, das mulheres sem virtudes ou de poucas virtudes, daquelas mulheres as quais a mãe do rei lhe recomendou que fugisse delas. Veja os versículos abaixo:

"Porque os lábios da mulher estranha destilam favos de mel, e o seu paladar é mais macio do que o azeite" (Pv.5:3).

"Porque o mandamento é uma lâmpada, e a lei, uma luz, e as repreensões da correção são o caminho da vida, para te guardarem da má mulher e das lisonjas da língua estranha" (Pv.6:23-24).

"Dize à Sabedoria: Tu és minha irmã; e à prudência chama tua parenta; para te guardarem da mulher alheia, da estranha que lisonjeia com as suas palavras" (Pv.7:4-5).

"Cova profunda é a boca das mulheres estranhas; aquele contra quem o Senhor se irar cairá nela" (Pv.22:14).

"E eu achei uma coisa mais amarga do que a morte: a mulher cujo coração é redes e laços e cujas mãos são ataduras; quem for bom diante de Deus escapará dela, mas o pecador virá a ser preso por ela" (Ec.7:26).

Os versículos 10 a 31 são os que vão tratar da mulher ideal, daquela que fará tudo ao contrário da estranha e lisonjeira, sem nenhuma virtude ou de poucas virtudes.

Aquela que a mãe do rei qualifica como uma raridade, uma mulher difícil de encontrar. E é sobre essa mulher que falarei nos capítulos seguintes.

Mulher
VIRTUOSA
DE PROVÉRBIOS 31
É aquela que cumpre o seu papel de ajudadora idônea, mantém a sua casa, veste a sua casa, administra a sua casa, tem o bom testemunho da sua casa. É louvada por Deus e elogiada pela sociedade.

Capítulo 10

CUMPRE O SEU PAPEL DE AJUDADORA IDÔNEA

"O coração do seu marido confia nela e não haverá falta de ganho. Ela lhe faz bem e não mal, todos os dias da sua vida. Busca lã e linho e trabalha de boa vontade com as suas mãos. É como o navio mercante: de longe traz o seu pão" (Pv.31:11-14).

É de suma importância entender primeiramente, por que Deus criou a mulher e para quê. Depois de ter criado o homem, o Senhor percebeu que lhe faltava algo, e foi a partir desta percepção que: *"Disse mais o Senhor Deus: Não é bom que o homem esteja só; far-lhe-ei uma ajudadora que lhe seja idônea"* (Gn.2:18). Esse foi o propósito pelo qual Deus criou a mulher. Toda mulher deve alcançar a plenitude desta compreensão, entender que esse propósito surgiu da mente de quem a criou, e se Ele fez assim, é porque é bom e funcional. A expressão "ajudadora idônea" tem um significado que deve ser levado em conta, é simples, mas de grande relevância: "ajudadora", significa aquela que ajuda, auxilia, coopera, colabora, alguém que trabalha com outro e presta assessoramento. Perceba que são muitas as palavras sinônimas e todas elas dando o entendimento de alguém que está junto de outro alguém, cooperando em um projeto a fim de alcançar o pleno sucesso.

Olhando para esses sinônimos, fica fácil entender que esse é o papel de alguém que está em posição de "ajudadora". Já a palavra "idônea", é alguém que tem condições para desempenhar certos cargos, certas funções; apto, capaz e competente. Portanto, a frase "ajudadora idônea" pode ser traduzida por: *alguém que coopera, auxilia, colabora com outro, assessorando com competência e aptidão.*

Quero lembrar que, algumas mulheres quando agem nesciamente de acordo com a mente deste mundo, em vez de agirem como "ajudadora idônea", agem como "atrapalhadora idônea", e aquela que se curvou as ideias feministas, que inverteu seu papel, em vez de se submeter ao marido procura dominá-lo, essa é a famosa "ajudadora e dona". Dessas, o Senhor não se agrada, ele deu ao homem uma "ajudadora idônea", por isso o Senhor começa dizendo: *"O coração do marido confia nela"*. A mulher virtuosa, busca a confiança do seu marido, não deixa que nada falte a ele, se preocupa em auxiliá-lo no agasalho e suprimento da sua família. A ela está incumbido o auxílio ao marido na educação e formação dos seus filhos. A Expressão seguinte usada pelo Senhor, nos dá a ideia do grande benefício que emana da sua cooperação, quando o Senhor diz: *"Ela lhe faz bem e não mal, todos os dias da sua vida"*, o seu marido se alegra e vive sempre tranquilo e seguro por saber a qualidade da esposa que tem, por esta razão também, o Senhor registra no Livro de Provérbios o que faz aquela que procede de forma contrária: *"A mulher virtuosa é a coroa do seu marido, mas a que procede vergonhosamente é como apodrecimento nos seus ossos"* (Pv12:4).

Toda mulher deve saber que a missão que Deus lhe deu é tão sublime, tão magnífica, que sobrepuja a qualquer outra missão por mais relevante que pareça ser. É ela que faz com que o ciclo da vida, da ética e da moral se estabeleça na sociedade. Pois, quando educa bem os seus filhos, está preparando-os para lançá-los à sociedade como homens e mulheres forjados pelos princípios divinos. A palavra diz que há o tempo de encher deles a aljava e há o tempo de lançá-los como flechas, e é neste tempo em que eles são lançados para alcançar o alvo de serem tementes a Deus e respeitosos aos bons costumes e ao padrão moral social, os quais farão o mesmo com seus filhos, perpetuando assim o ciclo moral e social. Por isso a Bíblia diz: *"Como Flechas nas mãos do guerreiro, assim são os filhos da mocidade"* (Sl.127:4).

Quando comecei falando do movimento feminista, quis mostrar como esse movimento deturpou a mente das mulheres, a ponto de elas entenderem que investir em seu profissionalismo e se lançar ao mercado de trabalho é mais importante do que cumprir o seu papel de "esposa, mãe e administradora do lar". E aqui cabem algumas perguntas: O que Deus mandou que ela fizesse? O Senhor está contente com uma mulher que está fazendo o que Ele não a mandou fazer? São indagações sérias! Vale lembrar como Deus trata aqueles que não fazem a sua vontade, mostrando inclusive as consequências de atitudes que não condizem com as suas determinações:

"Nem todo o que me diz: Senhor, Senhor! entrará no Reino dos céus, <u>mas aquele que faz a vontade de meu Pai, que está nos céus</u>. Muitos me dirão naquele Dia: Senhor, Senhor, não profetizamos nós em teu nome? E, em teu nome, não expulsamos demônios? E, em teu nome, não fizemos muitas maravilhas? E, então, lhes direi abertamente: <u>Nunca vos conheci; apartai-vos de mim, vós que praticais a iniquidade</u>. Todo aquele, pois, que escuta estas minhas palavras e as pratica, assemelhá-lo-ei ao homem prudente, que edificou a sua casa sobre a rocha. E desceu a chuva, e correram rios, e assopraram ventos, e combateram aquela casa, e não caiu, porque estava edificada sobre a rocha. <u>E aquele que ouve estas minhas palavras e as não cumpre, compará-lo-ei ao homem insensato, que edificou a sua casa sobre a areia</u>. E desceu a chuva, e correram rios, e assopraram ventos, e combateram aquela casa, e caiu, e foi grande a sua queda" (Mt 7:21-27).

Esse texto nos traz alguns pontos de reflexão, nota que Jesus está dizendo que não basta nominá-lo de "Senhor" se quem o faz, não cumpre com a vontade de Deus, então vejamos uma mulher que faz diferente da missão que o Senhor a incumbiu, estará ou não fazendo a sua vontade? Obviamente que não! O Senhor prossegue dizendo que muitos apelarão para o que fizeram para ele: profetizaram, expulsaram demônios, fizeram maravilhas, mas ouvirão dEle a resposta: *"nunca vos conheci, apartai de mim vós que praticais a iniquidade"*. Sempre quando tenho oportunidade de falar deste texto, observo algo que poucos observam, veja que Jesus não disse "não vos conheço", como que falando algo do presente, Ele diz: "nunca vos conheci", esta expressão dá a conotação de que embora aquelas pessoas estivessem fazendo todas aquelas obras em nome dEle, nunca foram reconhecidas por Ele, o verbo aqui está conjugado no pretérito perfeito, no tempo passado. A expressão: *"vós que praticais a iniquidade"*. Também nos diz muito acerca te tal prática, a palavra "iniquidade" significa: injustiça ou falta de equidade, perversidade ou <u>corrupção nos costumes</u>, ação iníqua ou crime, qualidade do que é iníquo. A iniquidade é praticada por iníquos, ou seja, por quem se opõe à equidade. Está associada ao ato de ser mal, injusto e perverso. A Iniquidade é um pecado, é algo que é ruim, <u>que desobedece a Deus</u>. Iniquidade pode ter o sentido de injustiça, maldade ou <u>desobediência deliberada a</u>

<u>Deus</u>. No grego o seu significado nos esclarece com mais luz, porque associa a alguém transgressor da lei, alguém que não obedece a normas:

INIQUIDADE - ανομια *anomia*
1) a condição daquele que não cumpre a lei;
1a) porque não conhece a lei;
1b) porque transgride a lei;
2) desprezo e violação da lei, iniqüidade, maldade.

O Senhor prossegue dizendo que aqueles que ouvem as suas palavras e as praticam, são como aqueles que edificam suas casas sobre a rocha, e quem faz o contrário são aqueles que edificam sobre a areia, e a conclusão desta comparação dita pelo Senhor é que no dia da adversidade ficará de pé aquela que foi edificada corretamente. E aqui vale outra reflexão de Provérbios quando o Senhor diz: *"Toda mulher sábia edifica a sua casa, mas a tola derruba-a com as suas mãos"* (Pv.14:1). Os versículos 13 e 14, do capítulo 31 nos mostram quão hábil é essa mulher no tocante a sua família, ela está todo o tempo disposta ao labor, a fim de lhe dar suprimento e proteção, não é preguiçosa e nem murmuradora, mas, *Busca lã e linho e <u>trabalha de boa vontade com as suas mãos</u>. É como o navio mercante: de longe traz o seu pão"* (Pv.31:10-14). Ela trabalha e se esforça para que a sua casa seja suprida e a sua família seja agasalhada, protegida e bem alimentada. Toda a sua preocupação está voltada para a sua casa, ela sabe bem que essa é a missão que recebeu do Senhor e procura sempre cumpri-la com excelência.

No seu papel de ajudadora idônea, está a cooperação com o seu marido, não só na administração da sua casa, no tocante aos serviços do lar, mas sobretudo nos cuidados e na educação dos seus filhos. Um psicólogo falando acerca de pais relapsos, frouxos, permissivos relatou: "Coitadinho do filho que não tiver um pai e uma mãe firmes, por quê? Ao crescer mimado, folgado e poupado o que ele vai aprender? Que é um incapaz, que o mundo é agressivo e lhe é devedor, que não precisa se esforçar e que é fraco, terá este perfil. Quem vai querer ser amigo de uma pessoa dessas? Quanto a sua capacitação, é importante considerar que no mundo de hoje, o emprego formal, com carteira assinada está sumindo gradativamente para dar lugar ao empreendedorismo, a prestação de serviços, a mão de obra criativa. Como esse filho vai empreender se primeiro nem aprendeu qual é o seu lugar no mundo? E neste quesito entra a mãe como educadora, conselheira, como aquela que está atenta a todos os detalhes; a ela cabe ensinar os seus filhos a serem antes de tudo, submissos. Um dos maiores feitos de uma mãe é ensinar o seu filho a ser submisso, a reconhecer e obedecer às autoridades, a fazer o que tem que ser feito a seguir regras, a ouvir, a ser liderado, só assim, ele depois poderá se tornar um líder, é um círculo virtuoso. Obviamente na liderança desta casa está a figura do pai, mas é dos cuidados de uma mãe dedicada, comprometida, uma ajudadora idônea com os princípios divinos, que vem tal formação. Certamente não foi sem razão que o Senhor por duas vezes registra o conselho aos filhos de atentarem para os ensinamentos dos seus pais quando diz: *"Filho meu, ouve a instrução de teu pai e não deixes a doutrina de tua mãe..."* e ainda: *"Filho meu, guarda o mandamento de teu pai e não deixes a lei de tua mãe..."*. Percebe que a doutrina e a lei vêm da mãe, embora apoiada pelas instruções e os mandamentos do pai, é dela que sai os princípios e as regras que dará corpo e forma ao caráter dos filhos.

Quero reforçar o tema, expondo parte do conteúdo do material didático da Igreja em Ji-Paraná, no tocante ao assunto "casamento", onde é salientada a necessidade da parceria dos cônjuges dentro da relação para o bom andamento do lar. Diz assim:

> Muitos problemas no casamento são causados pela falta de conhecimento do papel de cada cônjuge. Deus deu a função a cada um. Para que haja harmonia na vida familiar é necessário que marido e mulher conheçam e aceitem seu próprio papel e o do seu cônjuge. (I Co.11:3; Ef.5:23; Gn.2:18).
>
> Homem e mulher são diferentes em muitas coisas, e por isso se complementam. Não devemos ignorar as diferenças, nem competir, mas admirar a graça, o encanto e a capacidade que Deus deu à mulher, a visão, fortaleza e atitudes que deu ao homem.

Já vimos que o propósito da família é o de cooperar com o propósito de Deus: Ter uma família de muitos filhos semelhantes a Jesus. O papel que Deus deu ao homem e à mulher aponta para este objetivo. Foi por este motivo que Deus deu ao homem uma ajudadora idônea, com capacidades distintas para auxiliá-lo. Não é uma "companheira" apenas. Muito menos uma "servente". É uma **ajudadora idônea**, para que juntos cooperem com o propósito de Deus, cada um no seu papel. *(Igreja em Ji-paraná - Kit Discipuladores págs. 188 e 189 - Tema: Casamento - papéis dos cônjuges).*

Na continuidade dos relatos, é enfatizado o significado da expressão "ajudadora idônea" e, a sua responsabilidade enquanto ajudadora. Perceba que aqui nesta lista das responsabilidades, temos uma narrativa coerente com o que a Bíblia diz em Provérbios 31.

Deus concedeu ao homem um complemento inteligente e eficaz. Sozinho o homem é incompleto para cumprir o propósito de Deus. Homem e mulher formam juntos, uma unidade completa para multiplicar-se e encher a terra. A mulher deve usar sua inteligência, capacidade e experiência buscando um objetivo comum com o marido. Ser unida e solidária a ele, sem atitudes independentes. Ela deve reconhecer que o marido tem a autoridade principal. Não competir com ele, mas sim, complementar-lhe. Precisa entender que o marido necessita ser ajudado em sua sensibilidade. Precisa de ânimo, compreensão, sorriso, aprovação e cooperação em tudo quanto faz. A mulher é responsável por:

-Se ocupar mais na criação dos filhos (I Tm.2:15 e 5:14). Ser mãe é a sua maior missão;

-Atender a família e cuidar da alimentação (Pv.31:21-22);

-Cuidar do vestuário (Pv.31:21-22);

-Cuidar da casa (Tt.2:5);

-Ajudar com a carga financeira (Pv.31:16-18). Isto, na medida em que seja necessário e possível, evitando ao máximo sair do lar;

-Cuidar da formação integral das filhas. Ensinar lhes sobre: educação sexual, modos, comportamento social, tarefas domésticas, habilidades manuais, conduta frente ao sexo oposto e, principalmente, a serem femininas;

-Ensinar as sagradas escrituras aos filhos (II Tm.1:5 e 3:14-15);

-Instruir as mulheres jovens como desempenharem seu papel de esposa e mãe (Tt.2:3-5); *(Igreja em Ji-Paraná - Kit Discipuladores págs. 188 e 189 - Tema: Casamento - papéis dos cônjuges).*

Nesses relatos, inclusive não se omitiu a exposição das atitudes erradas da mulher, no cumprimento do seu papel de ajudadora (querer tomar o lugar do marido), bem como os casos em que ela pretende ser independente do marido. Reforçando também, sobre o que é de fato a sua ocupação.

Algumas mulheres querem assumir a liderança da família, e anulam o marido. Querem dirigir tudo, ter sempre a última palavra. Não dão valor à opinião do marido. A mulher não foi feita por Deus para levar esta carga. Assim ela arruína o marido e quebra a ordem de Deus. Também sobrecarrega a si mesma, fica alterada, nervosa e não conhece o descanso da sujeição. Tudo isto produz uma família infeliz e filhos criados com mau exemplo, que vão repetir os mesmos erros quando tiverem seus próprios lares.

Algumas buscam independência pessoal. Tem seus próprios objetivos, suas próprias amizades, seu próprio dinheiro. Buscam sua própria realização e dão prioridade a sua profissão. Não compartilham certas áreas de sua vida, fazendo seus próprios programas. Não se interessam muito pelos projetos, atividades e amizades do marido. Quando isto acontece, é óbvio que o casamento está no caminho errado. Perigo! É necessário revisar a fundo, procurar as causas, corrigi-las com a ajuda de Deus. O casamento é uma unidade total. Os dois são "uma só carne".

Geralmente o homem ocupa a maior parte do tempo no trabalho, e a mulher com a casa e os filhos. Se não tiverem filhos, a mulher terá mais tempo para sair, trabalhar e ajudar economicamente. Mas quando ela for mãe, seu lugar é no lar. A maternidade é a grande missão que Deus lhe deu, e ela deve consagrar-se à tarefa de criar filhos. *(Igreja em Ji-Paraná - Kit Discipuladores págs. 190 e 191 - Tema: Casamento - papéis dos cônjuges).*

Esses preciosos relatos terminam com uma frase célebre, o que poderíamos chamar de "frase áurea" ou "regra de ouro", que denota com certa solenidade o que precisamente a mulher deve fazer no momento quando tendo filhos, faz também opção ao seu profissionalismo. Tenho dito que nada pode ser mais sublime para uma mulher do que ao optar pelo casamento, se assumir como esposa, companheira, administradora do seu lar e por fim a missão mais sagrada, ser mãe. E a frase é esta:

"Qualquer profissão que a mulher tenha, deve estar subordinada ao seu papel de mãe". *(Igreja em Ji-Paraná - Kit Discipuladores págs. 191 - Tema: Casamento - papéis dos cônjuges).*

Essa frase sugere que embora ela tenha desejo de investir na sua profissão, deve, porém, repensar sobre a sua continuidade se concomitantemente a ela, surge uma gravidez. Ela deve priorizar a sua gestação e todos os cuidados necessários, a geração, a manutenção e educaçê do seu filho.

Há um pensamento que nos leva a uma boa reflexão acerca das mulheres que agem nesciamente, com relação a sua família, não considerando o cenário do mundo em que vivemos. Diz assim, este pensamento: Existem duas moedas de maior valor hoje, uma delas é atenção; neste exato momento bilhões estão sendo gastos nas redes sociais, nas plataformas digitais, só para ter a sua atenção. Hoje a atenção é uma moeda de valor muito alto; a outra é o tempo, é uma moeda de um valor tal que não dá para se calcular. As mulheres deveriam saber que os filhos soletram o amor da seguinte forma: T-E-M-P-O. Para eles o tempo é a medida do amor. Diga-me quanto tempo você fica com o seu filho e eu direi o quanto você o ama. Diga-me quanto tempo você fica com a sua família e eu direi o quanto você a ama. Diga-me quanto tempo você fica no seu trabalho e quanto tempo você fica com a sua família, e eu direi quem você ama mais e quem é mais importante para você. Hoje estamos coisificando as pessoas e humanizando as coisas. Nada é mais danoso e prejudicial do que se sentir órfão com os pais vivos, e com uma mãe ausente da sua casa. Indubitavelmente estes são os maiores erros dos pais, mas principalmente das mulheres, que enquanto mães, não se prestam a se dedicarem a educação e aos cuidados dos seus filhos e enquanto esposas, da atenção devida ao seu marido.

Aquela que está preocupada com o seu papel de **ajudadora idônea**, certamente vai dar atenção ao seu marido, e ajudá-lo com a administração da sua casa, tomando sobre si a responsabilidade de conduzir, orientar e nortear a vida dos seus filhos.

Capítulo 11
MANTÉM A SUA CASA

*"É ainda de noite, se levanta e **dá mantimento à sua casa** e a tarefa às suas servas. examina uma herdade e adquire-a; planta uma vinha com o fruto de suas mãos. Cinge os lombos de força e fortalece os braços. Prova e vê que é boa sua mercadoria; e a sua lâmpada não se apaga de noite. Estende as mãos ao fuso, e as palmas das suas mãos pegam na roca. Abre a mão ao aflito; e ao necessitado estende as mãos"* (Pv.31:15-20).

Essa palavra "mantém", vem de manter, dar mantimento, alimentar, suprir, apontando para alguém que se preocupa em dar o devido e necessário suprimento. Quando lemos a frase: *"Ainda de noite, se levanta e **dá mantimento à sua casa** e a tarefa às suas servas"*, creio que a melhor compreensão desta expressão seria: "antes de o sol raiar ela já está de pé, preparando a primeira refeição da família e planejando o serviço de suas empregadas". Ao contrário daqueles que pensam que a mulher deveria ser empreendedora em fundar e adquirir empresas e se projetar no mercado de trabalho, essa mulher foca em sua casa, se preocupa em dar mantimento a sua família e preza pela ordem do trabalho do lar. Ela consegue negociar e empreender em favor da sua casa.

Examina uma herdade e adquire-a; planta uma vinha com o fruto de suas mãos. Cinge os lombos de força e fortalece os braços. Prova e vê que é boa sua mercadoria; e a sua lâmpada não se apaga de noite" (Pv.31:17-18). Essa é outra expressão que é mais bem compreendida, quando aplicamos termos mais atuais. Quando a Bíblia diz que ela examina uma herdade e adquire-a, não está falando de uma mulher engenheira, dona de uma mega construtora ou de uma grande imobiliária, mas apenas dizendo que ela sabe negociar! Compra um terreno e planta uma horta, com o dinheiro que ganhou com esta venda. Ela está sempre disposta e não foge do trabalho pesado e do labor da sua casa. Lembro-me da minha mãe, ela criava porcos, galinhas no quintal, vendia-os e com o ganho dessas vendas e das costuras que fazia, comprava gado, dava a meia, às vezes empreendia como corretora na venda de propriedades, ganhava comissões e assim ajudava no mantimento da casa. Fazia tudo isso sendo dona de casa, sem que houvesse a necessidade de trabalhar fora para manter a sua casa. Mas, quero lembrar que o meu pai era o provedor, ele era comerciante dono de uma mercearia na cidade, o que a minha mãe fazia, apenas ajudava complementar a renda, não era ela que provia a casa como agente principal.

Outro fato interessante sobre minha mãe, foi quando o meu pai faliu, por causa dos vícios que tinha: jogo e bebida. Mudamos de Minas Gerais para o estado do Espírito Santo, naquela cidade, o meu pai tentou se erguer, como tinha pouquíssimo dinheiro, e era comerciante, montou uma pequena banca de verduras no mercado, mas, o que ganhava era pouco para o nosso sustento, éramos dez integrantes na família, nossos pais e seus oito filhos. A minha mãe que era costureira, costurava para os poucos clientes que tinha e assim, ela conseguia ajudar o meu pai no suprimento da casa. Além das costuras, ela fazia doces, bolos e biscoitos para eu e minha irmã mais nova que eu, vendêssemos no recreio das escolas. E assim, íamos vivendo e sendo supridos por esses pequenos empreendimentos que fazia a minha mãe. Sou testemunha de tê-la visto acordada até altas horas, a fim de terminar algumas peças de costura que deveriam ser entregues no prazo acordado com o cliente.

Quando lemos a frase: "... *e a sua lâmpada não se apaga de noite*" *(Pv.31:18b)* quer dizer que ela sabe que seu trabalho ajuda a sustentar a sua família e por isso trabalha até altas horas da noite". Percebe que, ela não é uma mulher indolente, daquelas que come o pão da preguiça, como dizem as Escrituras, mas daquelas que *"estende as mãos ao fuso, e as palmas das suas mãos pegam na roca. Abre a mão ao aflito; e ao necessitado estende as mãos"* (Pv.31:19:20). Essas expressões querem dizer que além de todo o labor empreendido dentro e a favor da sua casa, essa mulher virtuosa encontra tempo para produzir as roupas da sua família, e com o ganho do seu trabalho auxilia o seu marido mantendo a sua casa e ainda estende a sua mão ao necessitado.

Nos dias de hoje, temos pelo menos três perfis de mulher: aquela preguiçosa, que cresceu em um lar onde a mãe não lhe ensinou nada, sempre lhe poupou dos afazeres domésticos e ainda assim, não a preparou para ser dona de casa, esposa e mãe, esse tipo, é daquela que escravizará a sua família, oprimirá o seu marido e deixará os seus filhos seguirem a sua própria sorte. É sobre essa que a Bíblia diz, quando compara as virtudes da mulher que as tem com aquela que não tem, falando que a mulher virtuosa é a coroa do seu marido *"... mas a que procede vergonhosamente é como apodrecimento nos seus ossos"* (Pv12:4b). É o mesmo que dizer: mulher prendada e dedicada é coroa para o marido; mulher de má fama é cárie nos ossos, e sob outra ótica é como dizer que: uma esposa fiel e dedicada é uma honra para qualquer marido, mas uma esposa leviana, relaxada, preguiçosa é como uma doença nos ossos, que tira o prazer da vida do seu marido.

O segundo perfil, é aquela que terceiriza praticamente tudo, os serviços do lar, a criação e educação dos seus filhos e não tem muito tempo para o seu marido. Está mais preocupada consigo mesma, com o seu profissionalismo, o seu emprego, as suas metas e tarefas fora do lar; esta mulher é aquela que já mencionei, a qual se rendeu as ideias feministas, entende que o serviço do lar e a criação dos filhos são como viver em um campo de concentração nazista, e a sua submissão e dedicação ao marido, como uma escravidão. O terceiro perfil é da mulher virtuosa, a qual está sendo abordada neste livro, e sem querer alongar em sua definição, pois falaremos mais dela adiante nos próximos capítulos, pretendo apenas dizer que por tudo que ela é e faz, é aquela que fazer a vontade de Deus está acima de todas as coisas, inclusive da sua própria vida.

Vivemos em uma época tão deturpada, que não é difícil encontrar mulheres como aquela do primeiro perfil, que rejeita todas as tarefas e obrigações para as quais Deus a criou; fiquei estupefado ao saber de mulheres que não se dão ao serviço do lar, porque dizem que não quer estragar as suas unhas, outras que recusam terminantemente a ter filhos, porque dizem que a gestação deforma o seu corpo, são essas, que se idolatram nas academias vivendo uma vida narcisista, vazia e sensual; outras que privam seus bebês da amamentação no período recomendado, porque dizem que a amamentação faz os peitos caírem; outras que se recusam ao papel de mãe, por que precisa de tempo para ficar acompanhando o marido (por ciúmes), por toda parte e dizem que ter filhos atrapalha o seu romance com o esposo. Percebe que, essas mulheres estão com suas mentes completamente doutrinadas pelos apelos feministas, para elas o que vale é o lema "meu corpo minhas regras", elas não estão preocupadas com o seu papel, a sua missão dada por Deus e muito menos se a vontade de Deus deve ser cumprida ou não.

Há um caso de uma mãe muito dedicada que sempre cuidou bem do seu filhinho de apenas dois aninhos. Todas as vezes que ela o colocava para dormir, em vez de ficar contando historinhas, ou cantarolando para ele, ela fazia uma confissão de fé e autoafirmação, ela falava e pedia para ele repetir as seguintes frases: Você é uma? Ele respondia: Bênção! Você nasceu para? Ele respondia: Vencer! Tudo que você coloca as mãos? Ele respondia: Prospera! Você é lavado e remido no? Ele respondia: Sangue do Cordeiro! Você é um projeto? Ele respondia: De Deus! Você anda em saúde? Ele respondia: Divina! E para finalizar ela o beijava e pedia que ele a beijasse. Quero dizer que só consegue fazer isso uma mãe que investe tempo em seus filhos, uma mãe que tem tempo para seus filhos, isso é o que chamamos de qualidade de tempo. Uma mãe que trabalha fora, jamais vai ter tempo e disposição para tal empreendimento.

Cuidar dos filhos é tão espiritual quanto orar por eles, às vezes a falta daquele cuidado com qualidade de tempo, leva a mãe a não perceber alguns fatores perniciosos que podem estar acontecendo com seus filhos, ou até mesmo algum fator que possa desencadear uma patologia rara. Certa vez um médico disse que algumas mães com filhos com déficit de atenção, estavam levando seus filhos ao médico, os quais eram diagnosticados e medicados de forma errônea, como déficit de atenção; não sabendo elas que o problema é o comportamento alimentar. Ele afirmava que o uso excessivo e abusivo e até obsceno de açúcares e corantes, encontrados em refrigerantes, sucos industrializados, produtos recheados como bolachas e biscoitos, os cereais matinais, que dizem ser a melhor coisa para as crianças, em especial aqueles que têm umas bolinhas coloridas: verde-limão, laranja etc. Esses produtos têm uma quantia tão absurda de corantes e açúcar, que gera uma excitação cerebral tão grande que a criança perde a concentração, ela não consegue ficar parada. Nestes casos, apenas corrigindo a sua alimentação, muito provavelmente não precisariam estar usando medicações. Só poderá fazer essa correção, as mães que têm tempo de preparar para seus filhos uma alimentação saudável e policiar para que eles não sejam expostos a esses alimentos tóxicos e perniciosos oferecidos nos dias de hoje.

Há uns anos, vi uma cena que foi de cortar o coração. Uma mãe, que era gerente de um banco, ainda pela manhã antes da agência abrir ao público, recebeu o seu marido que vinha com seu filhinho, chorando, que naquela ocasião deveria ter uns quatro aninhos, e o marido bravo dizendo que o filho não quis ficar na escola, e a professora pediu que o levasse dali, pois naquelas condições ele não iria ser participativo e não seria positivo para ele (atrapalharia as outras crianças). A mãe o recebeu naquele momento, brava, ríspida com o filho e questionando-o porquê não ficara na escola. A criança olha para ela com os olhos lacrimejantes e diz: "é porque eu quero você mamãe!" A mãe replicou dizendo: "Quero você? Nada disso! Você deveria estar lá na escola!" Em seguida saiu arrastando a criança para devolvê-la a escola. Esse é o modelo de mulher desse século, a sua prioridade não é a sua família, mas sim, a sua vida profissional, os seus ideais e a sua carreira curricular. E quanto ao filho? O que será desta criança quando crescer, tendo passado por uma experiência tão terrível como esta? Certamente ficará em seu caráter uma lacuna, a ausência de uma mãe que não o supriu emocionalmente e não esteve presente nos momentos em que mais precisou dela.

Em um famoso conto americano foi relatado que um rapaz que fora pego cometendo o crime de latrocínio, em um Estado Americano que pratica a pena de morte, quando foi abordado pelo agente que o vigiava na prisão, pediu para falar com a sua mãe, como último desejo da sua vida; o seu pedido foi atendido, a sua mãe foi chamada e conduzida até a prisão onde seu filho estava. Chegando lá ela muito emocionada perguntou ao filho o que ele desejava naquele momento, e o seu filho respondeu que queria lhe dar um beijo de despedida. *Ela aproximou a face na grade e o filho lhe deu uma mordida que arrancou um pedaço da sua face, ela afastou gritando e ele disse: "Mãe hoje eu vou morrer pelo crime que cometi, mas esta marca que ficará para sempre em teu rosto te fará lembrar que devia ter me corrigido todas as vezes que roubei, pois em vez disso você passava a mão na minha cabeça, não dialogava comigo e nem mesmo tinha tempo para mim e sempre procurava ocultar o meu delito. Por essa razão, eu me tornei um delinquente e agora terei a minha vida ceifada para sempre".* Todo o presídio ficou extasiado com aquela notícia, que teve repercussão em toda a imprensa local. Ali estava uma mãe colhendo as consequências de ter vivido uma vida relapsa com seu filho, uma mãe negligente que não soube educar o seu filho com a verdade, que por causa das suas muitas ocupações deixou que o filho vivesse a sua própria sorte.

Certo dia Thomas Edson chegou em sua casa com um bilhete do seu professor para sua mãe e disse: O meu professor me deu este bilhete para eu entregar somente a você mamãe! Os olhos da mãe lacrimejavam ao ler a carta silenciosamente e então resolveu reler, mas dessa vez em voz alta para o seu filho escutar. A carta dizia: "Seu filho é um gênio, esta escola é muito pequena para ele e não tem professores para o seu nível, por favor, ensine-o, você mesma". Depois de muitos anos Thomas Edson veio a se tornar um dos maiores inventores do século. Após o falecimento de sua mãe quando estava arrumando a casa, viu um papel dobrado no canto de uma gaveta e para sua surpresa, era a antiga carta que o seu professor havia mandado para sua mãe, porém, o conteúdo da carta era diferente do que a sua mãe havia lido anos atrás e dizia: "O seu filho é confuso e tem problemas mentais, não vamos mais deixá-lo vir à escola". Edson chorou durante horas e então escreveu em seu diário: "Thomas Edson era uma criança confusa, mas graças a uma mãe heroína e dedicada tornou-se um gênio do século". Percebe que, por trás do resultado desta história tinha uma mãe dedicada que tinha tempo para acompanhar o desempenho do seu filho na escola, que o amou ao ponto de fazer uma leitura diferente pelo bem do seu filho. Ela entendeu que há certos momentos da vida em que se faz necessário mudar o conteúdo da carta, para que os seus objetivos sejam alcançados, e são nesses momentos que a figura de uma mãe atenciosa, amorosa e dedicada fará a diferença na vida de um filho que redundará, como neste caso, em uma importante e relevante mudança de rumo na sua história.

Histórias como estas, servem para reflexão, para entendermos que quando Deus determinou o papel da mulher, o fez sabendo que a gestão de uma casa, vai muito mais além da sua limpeza e embelezamento, nesta gestão estão incluídas as pessoas: os filhos e o esposo. Cada mulher que decidiu se casar, deve saber que esta gestão está na esfera da sua responsabilidade e ninguém será capaz de fazer com excelência aquilo que ela é capaz de fazer por sua casa. Por este motivo, ela deve analisar profundamente sobre a decisão de terceirizar a sua casa. Nenhuma outra pessoa será capaz de dar para o seu lar os mesmos cuidados que ela daria, pois os seus cuidados vão além de serem meros bons tratos, estarão permeados de amor, carinho, zelo, atenção que somente ela pode externar, esses atos são os elementos indispensáveis que vão formar a estrutura emocional dos seus filhos e alimentar os desejos emocionais do seu marido, nenhuma outra mulher dará conta de fazer isso por ela.

A Mulher Virtuosa de Provérbios 31

VESTE A SUA CASA

*"Não temerá, por causa da neve, **porque <u>toda a sua casa anda forrada de roupa dobrada.</u>** Faz para si tapeçaria; de linho fino e de púrpura é a sua veste. Conhece-se o seu marido nas portas, quando se assenta com os anciãos da terra. Faz panos de linho fino, e vende-os, e dá cintas aos mercadores. A força e a dignidade são as suas vestes, e ri-se do dia futuro. Abre a boca com sabedoria, e a lei da beneficência está na sua língua"* (Pv.31:21-26).

A mulher virtuosa, como já vimos e veremos mais a seguir, tem o seu coração plenamente voltado para a sua casa, seu lar, sua família, tudo o que faz visa o seu cuidado. Nos versículos 21 e 22, a Palavra nos fala de algo que hoje em dia nos traz um cenário diferente. Com o advento da indústria, não há mais necessidade de adquirir tecidos para confeccionar roupas, o comércio de confecções em todos os seus segmentos, hoje, é comum. Nos tempos em que a mãe do rei está falando desta mulher, era tão rudimentar, que o trabalho da mulher começava desde a fabricação dos fios, do tecido e até a confecção da peça que ela pretendia fazer. A industrialização na área têxtil facilitou e muito a aquisição de peças prontas, desde calças, camisas, vestidos, roupas íntimas, cortinas, tapetes etc. todos os tipos de roupas masculinas, femininas e infantis. Quanto a mulher de Provérbios 31, a Bíblia diz: *"Não temerá, por causa da neve, porque toda a sua casa anda forrada de roupa dobrada. Faz para si tapeçaria; de linho fino e de púrpura é a sua veste"* (Pv31:21-22). Ela não se preocupa com o mau tempo, pois já preparou as roupas para toda a família, ela mesma faz as roupas de cama e mesa, os tapetes e cortinas de sua casa. Seus vestidos também são feitos por ela, com tecido da melhor qualidade.

Avançando a frente deste tempo, quero falar dos nossos tempos, mas, retroagindo pelo menos um século atrás; mesmo com o advento da indústria que no Brasil começou a se desenvolver no século XIX, na região Nordeste. Antes da colonização, os indígenas brasileiros já produziam tecidos com fibras naturais, como algodão e lã. Com a chegada dos portugueses, novos métodos de produção foram implementados baseados nos que eram usados na Europa na época. Com o passar do tempo, a produção de tecidos em teares foi substituída por máquinas mais eficientes. A era das fábricas paulistas de fios e tecidos começou entre as décadas de 1850 e 1860, com as primeiras fábricas sendo erguidas em Sorocaba e Itu. Essa indústria se divide em várias etapas, desde a produção de fibras até a confecção final. No geral, as principais etapas são fiação, tecelagem e acabamento. Perceba que no Brasil as fábricas de fios e tecidos começaram em 1860, eu nasci em 1961, um século depois, portanto, nos tempos da minha infância as famílias mais pobres ainda não tinham acesso as confecções, pois não eram ainda tão comuns e populares. Quero de novo dar o exemplo da minha mãe que era costureira, todas as nossas roupas eram feitas por ela, as cortinas da casa, os tapetes, todos feitos manualmente. Ela comprava tecidos e costurava as nossas roupas. Como o acesso as confecções eram muito restrito, as mulheres do passado, a exemplo da mulher virtuosa, cosiam as roupas da família. Aquelas mais necessitadas que não tivesse nem mesmo como comprar os tecidos, iam aos armazéns onde vendiam açúcar em sacos, pediam sacos e os alvejavam no anil para depois fazer roupas para seus filhos. Naquele tempo, os sacos que embalavam açúcar eram feitos de um tecido grosso parecido com o linho. Essas pobres mulheres, se valiam deste recurso para vestir sua família, era comum ver uma família inteira vestida do mesmo pano e da mesma cor (branco), algumas com um pouco mais de recurso financeiro conseguia comprar tinta para tingir algumas peças para ficarem diferentes.

Quando a Bíblia diz: *"Conhece-se o seu marido nas portas, quando se assenta com os anciãos da terra" (v.23)*, está nos dando uma amostra da reputação desta mulher pelo reconhecimento que dão ao seu marido. Há uma versão da Bíblia católica que diz: "Seu marido é respeitado no tribunal, quando se assenta entre os juízes do povo". A versão da Bíblia viva diz: O marido de uma mulher fiel e dedicada será conhecido e respeitado em sua cidade; será eleito para cargos importantes na sociedade.

Novamente a Palavra falando da sua virtude e seus empreendimentos em favor da sua casa, diz: *"Faz panos de linho fino, e vende-os, e dá cintas aos mercadores"* *(v.24)*. A minha mãe, como já disse, era costureira, e fazia o que a Palavra descreve neste contexto, fabricava peças de roupas tanto sob medida, sob encomenda como também algumas peças aleatórias, feitas por sua criatividade e as vendia para obter recurso financeiro para o suprimento da casa.

A sua reputação era o que mais tinha de valor, não se deixava levar pelo modismo e nem pelas novidades da sociedade. A Bíblia diz que: *"A força e a dignidade são as suas vestes, e ri-se do dia futuro"* *(v.25)*. As grandes virtudes dessa mulher são a energia e a honra. Ela não se preocupa com a velhice nem se apega a vaidade. Ela é preocupada com o que Deus diz em sua Palavra, que as mulheres se ataviem em traje honesto, com pudor e modéstia, não com tranças, ou com ouro, ou pérolas, ou vestidos preciosos, ela não está preocupada com a beleza exterior que depende de joias, ou de roupas bonitas, ou de penteados. Está preocupada em ser bela interiormente, em seu coração, com o encanto duradouro de um espírito amável e manso que é tão precioso para Deus. Esse tipo de beleza interior foi o que se viu nas santas mulheres do passado, as quais confiavam em Deus e se acomodavam aos planos dos maridos. Diferente das mulheres modernas, que andam muito preocupadas com a sua beleza exterior, com a modelação dos seus corpos sem se importarem com os vazios que tem dentro de si, e com o abandono quase total das suas casas.

Às vezes algumas mulheres se envolvem tanto com o mundo fora do seu lar, se comprometem com tantos negócios e tarefas, fazem grandes compromissos e tomam sobre si uma sobrecarga que não é compatível com a sua constituição feminina, elas se esquecem de que Deus as qualifica na relação como um vaso mais fraco, por conseguinte, ficam muito estressadas, nervosas, agitadas e agressivas, acabam se enquadrando no perfil da mulher rixosa e iracunda, e quando volta para casa externam atitudes condizentes.

A mulher virtuosa age contrária à mulher rixosa e iracunda, a qual é reprovada por Deus, e que por quatro vezes é citada no Livro de Provérbios negativamente (Pv.21:9 e 19; 25:4 e 27:15), nestas passagens o pregador diz que é melhor morar em uma casa cheia de goteiras do que numa casa ampla com uma mulher rixosa. Em outra ele diz: "É melhor morar em uma terra deserta do que com a mulher rixosa e iracunda", depois diz: "O gotejar contínuo no dia de grande chuva, e a mulher rixosa, uma e outra são semelhantes". Diferente desta, a mulher virtuosa sempre fala com sabedoria, não abre a sua boca para falar com arrogância, com altivez, com descaso, com xingamentos, com desrespeito ou para usar de palavras torpes, a Palavra diz que ela: *"Abre a boca com sabedoria, e a lei da beneficência está na sua língua" (v.26)*. Ela abre a boca com sabedoria, e sua língua ensina com bondade; quando ensinam seus filhos, mostra conhecimento ensinando e corrigindo com amor, pois da sua boca sai bondade e das suas palavras sai sabedoria. Quando fala ao seu marido, fala com bondade e doçura, dando-lhe o devido respeito e amor. Ela sabe fazer a leitura correta no tocante aos cuidados dos seus filhos, conhece bem as suas necessidades e está atenta ao seu choro ou sua reclamação.

Li certa vez uma reflexão sobre a percepção que uma mãe deveria ter no momento em que o seu filhinho faz birra ainda na tenra idade. Diz assim: Quatro coisas que o seu filho gostaria de dizer em uma situação de birras: Primeira: "Mamãe, não briga comigo, eu não consigo me acalmar sozinho. E para isso, preciso da sua ajuda". Segunda: "Mamãe, eu não quero ir dormir porque passamos pouco tempo juntos hoje, e estou sentindo a sua falta". Terceira: "Eu estou me jogando no chão porque meu corpo está cheio de cortisol e adrenalina, e não sei o que fazer com o que estou sentindo. Eu não sei me segurar. Preciso da sua ajuda." Quarta: Mamãe, quando não ganho o que quero, eu fico com muita raiva! "Ensina-me a lidar com essa frustração e a controlar os meus impulsos". É uma reflexão que nos leva a uma meditação para os dias de hoje; quantas mães não estão atentas a isso, por causa da sua ausência e da pouca presença com o seu filho e mais ainda daquelas que não tem nenhuma paciência para tal observação devido ao estresse do dia a dia e do seu muito labor secular? A mulher virtuosa não somente veste a sua casa de roupas e agasalhos, mas também a veste de atenção e a cobre com a sua proteção.

"Olha pelo governo de sua casa e não come o pão da preguiça" (Pv.31:27).

Nos dias atuais, talvez este seja um dos maiores problemas que a sociedade moderna enfrenta, lares completamente desgovernados, famílias sem o devido direcionamento e relacionamentos rompidos por causa de mulheres que decidiram que as suas vidas pessoais, os seus ideais e sonhos são mais importantes do que suas casas. Hoje em dia é comum ver maridos que reclamam de esposas desatenciosas, sem afeto, muitas vezes eles chegam do trabalho e em vez de encontrar uma esposa que os recebam prontamente, encontram mulheres estressadas, cansadas e desanimadas, outras vezes, elas nem chegaram em casa ainda. É comum encontrar filhos que reclamam a falta de atenção e carinho de sua mãe, que pouco esteve presente nas fases mais importantes de suas vidas. Mas, com referência a mulher virtuosa, a Palavra diz que ela *""Olha pelo governo de sua casa e não come o pão da preguiça"* *(v.27)*. Ela supervisiona o andamento da sua casa, e seu alimento é fruto do seu trabalho. Ela sabe muito bem tudo que acontece em sua casa e nunca fica com preguiça de trabalhar. Sabe das necessidades de cada filho, observa o comportamento de todos eles, corrigi-os e os ensinam a temer ao Senhor. Conhece as necessidades do seu marido, sabe recebê-lo quando chega do trabalho e já lhe prepara o que é necessário. Essa mulher entende que Deus confiou ao homem a liderança da sua casa, mas à esposa confiou a administração, a parte técnica; a execução de tudo o que é gerado e produzido no lar é responsabilidade dela, pois Deus a colocou como <u>ajudadora idônea</u>. Hoje em dia vemos as mulheres terceirizando essa administração do lar, bem como a criação dos seus filhos. E nesse quesito, admiro duas mulheres, a minha mãe, a qual cresci vendo-a fazendo isso com excelência e a minha esposa que sempre cuidou bem de mim, do nosso filho e da casa, com todo amor e desprendimento.

Todos sabem que uma casa é semelhante a uma empresa, é necessária uma excelente gestão para que os resultados sejam positivos. É comum vermos que as mulheres que decidiram não assumir essa tarefa, terceirizarem e ainda assim, não supervisionar essa terceirização, e o resultado disso é que haverá um gasto excessivo de tudo, de alimentos, produtos de limpeza e higiene, da conta de energia, de água, internet etc. Tudo porque não havendo um direcionamento e uma supervisão constante, aquele que foi pago para fazer em seu lugar, jamais vai fazer como você faria, com cuidado, com economia, com diligência e não terá escrúpulo em gastar mais de tudo, pelo fato de que o custo não sai do seu bolso. É exatamente assim que acontece em algumas casas onde as mulheres que trabalham fora, não tem tempo para essa supervisão, as empregadas gastam muito mais de todos os produtos que usa, é comum ouvir dos maridos a reclamação dos gastos excessivos nas suas casas, depois que passaram a ter empegadas onde a esposa deveria estar. Ainda que fosse necessária a terceirização, mas, pelo menos a esposa deveria supervisionar. Quando falei no capítulo oitavo, que a mulher virtuosa mantém a sua casa, citei o versículo 15 que diz: *"Ainda de noite, se levanta e dá mantimento à sua casa e a tarefa às suas servas" (v:15)*. Perceba que ela tinha servas que executavam trabalhos domésticos, mas sob sua supervisão, ela que distribuía as tarefas, não era um lar entregue ás servas para fazerem de qualquer jeito, era feito sob sua direção. Sei que inclusive nos dias de hoje, há casos em que os serviços domésticos devem ser terceirizados, mas sempre sob a supervisão da dona da casa, assim ela poderá saber o que está acontecendo dentro da sua casa. Quando me perguntaram se as moças solteiras deveriam estudar, se profissionalizarem, a minha resposta foi: Sim! Elas devem, e inclusive não somente isso, mas devem aprender tudo a respeito da gestão de um lar, pois mesmo que no futuro quando se casarem houver a necessidade de terceirizar os serviços domésticos, pelo menos devem saber como funciona cada detalhe de uma casa, para poderem supervisionar e direcionar a empregada que estará executando. Se porventura essa mulher for daquelas que não aprendeu nada a respeito dos serviços de uma casa, estará fadada ao fracasso dentro da sua própria casa. Quando comparei uma casa com uma empresa, o fiz, porque assim como em uma empresa, uma casa além de toda a gestão relacionada ao serviço doméstico, tem também a gestão de pessoas, e esta gestão é da mulher, que deverá gerir os relacionamentos no ambiente do lar voltados ao seu marido, seus filhos e sua empregada, a ela cabe harmonizar a casa de tal forma que o clima organizacional seja bom para o convívio de todos. Creio que essa é a melhor definição para a expressão: "olha pelo governo da sua casa". É uma expressão que indica que ela está atenta, e percebe tudo o que está acontecendo em sua volta e sob seu olhar. A sua casa gozará de uma excelente harmonia, pois todas as coisas estarão funcionando devidamente e as pessoas que vivem ali estarão satisfeitas, realizadas, por saberem que é um ambiente com boa gestão onde há paz, alegria, justiça e nada estará faltando para o bom andamento naquele ambiente. Todos ali percebem que é uma casa bem edificada, o contrário de uma casa destruída pelas próprias mãos de uma mulher tola, néscia, que resolveu dar primazia aos seus projetos pessoais e relegar a sua casa ao segundo plano.

Uma psicóloga fez uma experiência para certificar a veracidade da frase: "Mãe não é aquela que pari, mas aquela que cuida". Colocou a babá de um lado, a criança no meio e a mãe do outro lado e propôs para a criança que iria lhe fazer algumas perguntas e a cada pergunta, ele deveria beijar aquela que fosse a resposta da sua pergunta, então fez a primeira pergunta: Lucas, quem é a sua mãe? Ele beijou a babá; Lucas, você saiu da barriga de quem? Ele beijou a babá; A mãe sorriu ficando surpreendida. Lucas, de quem você mais gosta? Ele beijou a babá; Lucas, quem tem o cabelo mais bonito? Ele beijou a babá; A mãe fica mais surpreendida ainda e dando risadas. Lucas, com quem você mais gosta de brincar? Ele beijou a babá; Lucas, quem é que te dá mais banho? Ele beijou a babá; Lucas, quem é que te dá mais carinho? Ele beijou a babá. A cada beijo a mãe se surpreendia mais, ao ponto de dizer: Não! Eu não estou acreditando! Por fim a psicóloga disse: Lucas, agora você vai dar essa flor para aquela que você mais ama! Nesse momento a mãe disse: Não é possível que ele dê a flor para a babá. E a surpresa veio logo a seguir, a criança deu a flor para a babá e a abraçou calorosamente. A mãe olhava a cena com aquela cara desolada, dando risadinhas para disfarçar a sua decepção. Na verdade esse experimento serve para que as mulheres saibam que elas não podem ser substituídas nas vidas dos seus filhos. Mesmo que, eles estejam sendo bem cuidados por outra pessoa, como neste caso uma babá, ela não deve permitir que os afetos sejam substituídos para outra pessoa de onde sejam emanados para os seus filhos. Todo afeto, carinho, amor, cuidado, deve emanar da mãe, isso será a construção da identidade do seu amor materno e o filho saberá reconhecê-lo.

Capítulo 14
TEM O BOM TESTEMUNHO DA SUA CASA

*"Levantam-se **seus filhos**, e chamam-na bem-aventurada; como também **seu marido**, que a louva, dizendo: Muitas mulheres agiram virtuosamente, mas tu a todas és superior"* (Pv.31:28-29).

Uma boa e sincera avaliação é aquela que temos primeiramente dos nossos entes queridos (filhos e cônjuges), são eles que poderão com toda competência e eficácia, nos avaliar e dar a nota justa do nosso caráter e nossos comportamentos. Perceba que a Palavra em Provérbios fala que os filhos e o marido da mulher virtuosa, a avalia com excelência. Ela tem o bom testemunho dos da sua própria casa, os seus filhos a vê como uma mulher feliz, e o seu marido dá testemunho a seu respeito dizendo que nenhuma mulher é superior a ela. Veja que embora a sua missão de administradora do lar, esposa e mãe, seja uma árdua tarefa, e muitas vezes até superior a qualquer trabalho que se faça fora de casa, os seus filhos a vê como uma mulher feliz, notam que há nos seus olhos uma satisfação, uma felicidade por seu dever cumprido e por estar fazendo a vontade de Deus. São tarefas que ela faz com alegria e não gemendo. Ela sabe que essa é uma missão dada por Deus, tendo inclusive o seu marido como líder sobre si o qual também a avalia de forma tão excelente, que a eleva superior as demais mulheres virtuosas. O seu nível de submissão ao seu marido reflete o que a Palavra diz sobre todos nós como ovelhas que tem um pastor. *"Obedecei a vossos pastores e sujeitai-vos a eles; porque velam por vossa alma, como aqueles que hão de dar conta delas; para que o façam com alegria e não gemendo, porque isso não vos seria útil"* (Hb.13:17).

Conheci mulheres que eram verdadeiras empreendedoras, outras muito espirituais laborando inclusive a causa do Evangelho, mas que eram péssimas donas de casa, esposas negligentes e mães ausentes; mulheres que tinham o mau testemunho tanto dos filhos como do esposo. Deus não se agrada de um modelo assim.

No início da minha vida cristã conheci uma mulher que era conhecida como uma profetisa, participava de todos os movimentos que havia nas igrejas naquela época: cultos, conferências, palestras, reuniões de oração, e algumas delas aconteciam nos montes, outras em outras cidades, enfim! Todos a viam como uma mulher diferenciada, usada por Deus, inclusive em profecias. Certo dia, eu perguntei sobre ela para uma irmã a qual passou a descrevê-la e me contou algo sobre a sua vida que naquele momento não me tocou por ser novo na fé, mas depois pude avaliar o estrago que aquela mulher fez em sua casa. Ela dizia que um dia em sua casa conversando com o seu marido, viu uma foto deles dois no início do casamento em um quadro na parede; aquele homem suspirou profundamente e disse: momentos bons e felizes foram esses. Ela perguntou: Por que você diz isso? Ele respondeu: Nesta época eu tinha a minha mulher em casa sempre comigo, agora, não a vejo mais em casa, não sei o que faz e por onde anda. Alguns poucos anos depois, ele separou dela e casou-se com outra. Ela continuou com a sua vida de profetisa e passou a procurar por um homem que se adequasse ao seu estilo de vida, chegando ao ponto de dizer que ela procurava um homem para se casar, mas preferia ir namorando (ficando) com um e outro, experimentando para saber qual seria o homem ideal. Por fim, faleceu solteira em uma vida mais ímpia do que cristã e sabe-se lá Deus, como de fato foi o seu fim.

É importante entender que Deus não aprova que alcancemos sucesso, conquistas ou triunfos dos nossos projetos ou ainda a cooperação ou edificação da sua obra sob as ruínas da nossa casa. A família é projeto de Deus e é a partir dela que ele constrói as nossas vidas e edifica a sua obra.

A psicologia behaviorista,[4] que estuda o comportamento das pessoas e animais, tem uma máxima que diz: "Todo estímulo elicia uma resposta". Isso quer dizer que os nossos comportamentos são manifestados a partir dos estímulos que recebemos. Com base nesta máxima, os pais devem entender que os filhos não podem ser deixados a sua própria sorte e nem terceirizados aos cuidados de estranhos. Há uma estatística que mostra o desenvolvimento do comportamento de um indivíduo a partir do seu primeiro ano de idade até aos 15 anos. Verificou-se que esse é o período de tempo em que os filhos mais precisam dos seus pais presentes em suas vidas, e é exatamente o período em que eles são mais abandonados pelos pais, que terceirizam a criação e a educação deles. O gráfico mostrava que a maioria dos pais passa apenas uma hora por dia ativamente com seus filhos, os filhos por sua vez, ficam quatro horas na escola ausente dos pais, sendo influenciados pela doutrinação da escola atual, tanto por professores como colegas, cinco horas por dia, influenciados por uma babá ou os coleguinhas da vizinhança ou do condomínio, quatro horas nas telas sendo influenciados e educados por um youtuber degenerado; essa rotina acontecendo durante toda a sua vida até

---

4 - O behaviorismo (do inglês: *behavior*, "comportamento") é uma abordagem da psicologia que estuda o comportamento de seres humanos e animais. E acontece dentro da linha teórica do comportamentalismo. É chamado de Behaviorismo, possuindo três tendências: Behaviorismo Cognitivo, Behaviorismo Metodológico e Behaviorismo Radical. Foi desenvolvido pelo fisiologista russo Ivan Pavlov.

aos seus quinze anos, já terá causado o dano irreversível, e é neste momento que os pais se darão conta do estrago e não terão mais tempo para consertar. Nesta idade os pais descobrirão que os seus filhos não apreciam mais a sua companhia, não querem mais Deus e nem a igreja. Com sete anos o seu caráter primitivo central já estava formado, quando ele completou quatorze anos a sua personalidade já estava consolidada. E aí, esses pais descobrirão tarde demais que deveriam ter sido protagonistas na vida do seu filho e não foram. Todos os estímulos que exigiam uma resposta dada pelo comportamento foram dados: pela escola, pelos professores, pelos colegas, pela babá, pelo youtuber e por todas as sugestões via redes sociais. Mais uma vez, vemos aqui a ausência dos pais, e mais necessariamente de uma mãe que deveria ser ativa e presente, contribuindo para a degradação moral de um filho que será lançado para a sociedade como um cidadão completamente despreparado para a geração futura e pior ainda, sem nenhuma estrutura espiritual, preparo emocional e conduta ética formada para dar segmento aos bons costumes e princípios pregados por Deus. Uma mãe que não tem tempo para cuidar do seu filho, na sua velhice não terá um filho com tempo para cuidar dela. Por esta razão nos dias de hoje, há tantos idosos em asilos largados pelos filhos e em casos extremos abandonados nas ruas, colhendo o que plantou. Plantou nos corações dos filhos o descaso e hoje estão colhendo o abandono. São mães infelizes por não terem conduzido bem os seus filhos. Perceba que isso é contrário ao que diz Provérbios acerca dos filhos da mulher virtuosa quando diz: *"Levantam-se seus filhos, e chamam-na bem-aventurada..."* (Pv.31:28a), ou "feliz", por verem que têm uma mãe presente, aguerrida, cuidadora, atenciosa, amorosa e sobretudo temente a Deus.

Quando olhamos para a Palavra de Deus devemos vê-la como o nosso manual de regra e conduta, nela estão expostos e disponíveis todos os ensinamentos para o nosso bem-estar e para o funcionamento de tudo aquilo que fazemos, não é sem razão que o salmista diz que ela é a lâmpada dos nossos pés e a luz do nosso caminho. Esses versículos de Provérbios 31 que dizem: *"Levantam-se seus filhos, e chamam-na bem-aventurada; como também seu marido, que a louva, dizendo: Muitas mulheres agiram virtuosamente, mas tu a todas és superior"* (Pv.31:28-29). É uma demonstração contundente de que não basta dizermos o que somos e fazemos, dando um auto testemunho sobre nós, é necessário que as pessoas do nosso convívio façam essa avaliação. Sempre digo que se uma esposa quer saber como está indo no seu papel de esposa, a melhor pessoa para avaliá-la é o seu marido, e vice-versa, se os pais querem saber como estão indo em seus papéis de pais, pergunta aos seus filhos e vice-versa. As pessoas do nosso convívio são as que mais nos conhecem, sabem das nossas virtudes, nossos defeitos e nossas mazelas.

O marido desta mulher virtuosa quando a avaliou, foi tão generoso, que fala da superioridade das suas virtudes de forma tão grandiosa, que ao se referir a ela, não descarta o fato de haver muitas outras mulheres virtuosas, mulheres que sabiam falar, agir, proceder e fazer com tanta excelência como a sua esposa, mas, não deixa de observar que a sua era mais excelente, que nela havia algo que era maior do que todas as virtuosas que se comparavam a ela. Ele diz que muitas agiram virtuosamente, mas que a sua sobrepujou a todas as demais com excelência e com superioridade.

É LOUVADA PELO SENHOR E PELA SOCIEDADE

"Enganosa é a graça, e vaidade, a formosura, mas a mulher que teme ao Senhor, essa será louvada. Dai-lhe do fruto das suas mãos, e louvem-na nas portas as suas obras" (Pv.31:30-31).

É sabido que a mulher sempre desejou estar bem arrumada, bem produzida, ela se preocupa com uma aparência bela, harmoniosa e elegante. Até aí nada de anormal, sabemos que as mulheres têm essa necessidade de se acharem bonitas e bem apresentáveis. Mas, o grande problema são os exageros, e a inversão de valores praticados por algumas. Quando falei do perfil do homem da sociedade atual no capítulo 3 "Ataque Frontal ao Projeto de Deus citei o que o apóstolo Paulo escreve ao seu filho na fé, Timóteo, quando ele diz: *"Sabe, porém, isto: que nos últimos dias sobrevirão tempos trabalhosos; porque* *haverá homens <u>amantes de si mesmos</u> ...*" entre outros perfis, o que quero destacar aqui, é este. Amantes de si mesmo é o mesmo que egoístas, pessoas que pensam somente em si, não importando se essa consideração de si mesmo seja em detrimento de algum valor ou princípio. E aqui estamos nós, vivendo exatamente este momento, como já disse várias vezes neste conteúdo, vivemos em um mundo em que há mulheres que se voltaram para si mesmas, o seu foco é a sua aparência, a sua beleza, o seu profissionalismo, a sua posição na sociedade, a sua imagem. Repito em dizer, que essas são aquelas que se renderam a doutrinação feminista, principalmente ao que diz respeito ao empoderamento feminino. Elas pretendem se elevar a tal ponto que subjugar o fator masculino se tornou um alvo a ser perseguido, os filhos são vistos como uma espécie de embaraço, de obstáculo diante dos seus ideais. Quanto a sua aparência física, as academias lhes oferecem a solução sugerindo os exercícios adequados e os produtos ideais, a fim de que seja alcançado o modelo esperado diante do biotipo e da estética apresentada por este século. Mas, o que é assustador é saber que essas mulheres estão mais próximas de um corpo masculino do que de uma aparência feminina e com isso satanás vai alcançando as suas metas, os homens cada vez mais vão se afeminando e as mulheres se masculinizando.

Não estou aqui condenando a mulher por se arrumar, se embelezar ou desejar uma aparência bela, até porque a mulher deve se cuidar, mas faço crítica à chamada inversão de valores, quando a beleza exterior sobrepuja a interior, ou quando é dada importância somente a beleza física e nenhuma importância ao que é espiritual. E em alguns casos, muitas se deixam levar exageradamente pela vaidade, que até perdem a discrição, acabam se portando com falta de bom senso e juízo; para essas a Palavra diz: *"Como jóia de ouro no focinho de uma porca, assim é a mulher formosa que não tem discrição"* (Pv.11:22). Entre aquela que preza mais pela aparência e aquela que está preocupada em agradar ao Senhor, neste quesito, vale mais a opinião do céu, aquilo que o Senhor pensa sobre a mulher. Deus dá o seu testemunho dizendo que a mulher que deve ser louvada, elogiada, é aquela que age com temor a Ele. Pois os encantos de uma mulher podem ser apenas uma ilusão e a beleza não dura para sempre. A verdadeira beleza, a verdadeira honra de uma mulher está em temer, amar e obedecer ao Senhor. A mulher que age assim, é elogiada diante de todos e recebe cumprimentos e homenagens de toda a sociedade, pois todos veem as suas obras e reconhecem o seu valor. Por isso a Palavra diz que a mulher que teme ao Senhor, essa sim! Deverá ser louvada.

Percebe que a Palavra destaca algo que deve ser considerado de grande relevância, ela está falando sobre a mulher que teme ao Senhor e essa mesma Palavra nos diz que: "O temor do Senhor é o princípio da sabedoria", veja que faz conexão com outra expressão que diz: "a mulher sábia edifica a sua casa". Então, a sabedoria para lidar com tais atitudes está relacionada com o temor do Senhor, por isso essa expressão de Provérbios 31:30, aponta para dois fatores entre os quais um deles deve ser escolhido pela mulher: O engano da graça e a vaidade da formosura ou o temor do Senhor, sabendo que este é o fator que redundará em louvores, e aqueles, em engano e vaidade. Mas, infelizmente o que temos visto no mundo de hoje, em muitos casos são mulheres escolhendo o engano da graça e a vaidade da formosura e obviamente esta escolha resultará em graves consequências. Uma delas é natural, a velhice, quando este tempo chegar, todo aquele encanto jovial terá passado e sobrará apenas uma aparência envelhecida, perecida pelo tempo, a outra consequência, será a frustração de ter feito a escolha errada e ver todo o estrago produzido em uma família desajustada, filhos que não temem ao Senhor e nos casos mais extremos, relações rompidas e casamentos destruídos.

A Bíblia está repleta de mulheres que foram sábias em seu agir, uma mulher de Deus não age por impulsos, e nem nesciamente, age com sabedoria, sempre buscando a Deus e seguindo os seus conselhos. É interessante considerar que a mulher é geradora de vida, ela tem a capacidade de fecundar e de produzir onde há improdutividade; sua capacidade de produzir vida está ligada a sua sensibilidade e sua capacidade de depender de Deus, e estar sempre atenta aos seus conselhos.

O versículo 31 nos diz algo que deve ser observado e considerado, é um complemento do que está dito no versículo 30, quando diz que a mulher que teme a Deus deverá ser louvada, a Bíblia diz: *"Dai-lhe do fruto das suas mãos, e louvem-na nas portas as suas obras"* (v.31). Vemos aqui o Senhor dizendo que essa mulher deve ser premiada, obviamente por todo o seu trabalho, seu esforço, seu desprendimento, pelas obras que fez, ainda que ela entendesse que isso era uma obrigação por ser uma mulher temente e obediente a Deus, sabia que tudo o que fazia era parte da sua missão. Mas, o Senhor como é galardoador daqueles que o buscam, daqueles que o temem e obedece, deixou registrado no final desta saga, algo que diz muito a respeito dos feitos e do caráter desta mulher. Então o capítulo 31 de Provérbios finaliza dizendo assim: *"Deem a ela o que merece por tudo o que faz, e que seja elogiada por todos"* (Pv.31:31). Fiz questão de usar a linguagem da versão NTLH (Novo Testamento na Linguagem de Hoje), por nos dar uma melhor elucidação no entendimento.

Capítulo 16
O HOMEM VIRTUOSO

*"Cada qual entre os homens apregoa a sua benignidade; mas o **homem fiel, quem o achará?**"* (Pv.20:6).

Entendi ser de suma importância separar um capítulo desta obra, para falar também do homem de virtudes. Meditando sobre o assunto "mulher virtuosa", compreendi que embora a Bíblia não nos dê uma descrição tão detalhada deste homem, como o faz com relação a mulher virtuosa, verifiquei que a Palavra está recheada de detalhes que apontam para o homem ideal, aquele que Deus qualifica como um homem com virtudes. Percebi que no próprio Livro de Provérbios há um versículo que parece muito com a parte "a" do versículo primeiro do capítulo 31 e que o seu ápice é também um questionamento: *"Cada qual entre os homens apregoa a sua benignidade; mas o homem fiel, quem o achará?"* (Pv.20:6). Veja que a Bíblia qualifica como raro tanto a mulher virtuosa, como o homem fiel, o homem de virtude. Meditando neste assunto da virtude, ousei dar a resposta para a pergunta de Provérbios 31:10 "Mulher virtuosa, quem a achará?" a minha resposta é: "um homem virtuoso!". E a lógica que apliquei, é a análise que faço a respeito do começo de alguns relacionamentos. Muitas vezes, as escolhas são feitas pela aparência, pelas posses, pela fama, ou pelo status e quando uma pessoa usa esses valores como referência, isso quer dizer que esse é também o seu caráter, pois nenhuma pessoa de caráter escolherá se casar com alguém sem caráter. Uma mulher que escolhe casar-se com um homem por causa das suas posses, esta escolha por si só denuncia o caráter dela. Nenhuma pessoa que preze o seus valores, seus princípios e sua fé escolheria casar-se com alguém que não fosse da mesma estirpe. Portanto, só conseguirá achar uma mulher virtuosa, um homem virtuoso. E para concluir a minha tese, faço-o com uma breve meditação: Se um homem aceitar casar com uma mulher que trabalha fora, deve aceitar que ela não conseguirá cuidar da casa em tempo integral; se quiser uma dona de casa que cuida bem dele e dos seus filhos e que possa gerenciar o lar por completo, deve entender que ela não ganha dinheiro; se pretender uma mulher submissa, deve aceitar que ela depende dele; Se escolher uma mulher corajosa deve aceitar que ela é dura e tem pensamentos próprios; se escolher uma mulher vaidosa deve estar ciente das despesas da sua manutenção; se, todavia, ele quiser todas essas qualidades citadas em uma mesma mulher, deve entender que deverá ser tão grande e qualificado quanto ela é. Essa meditação serve para entendermos que há vários casos em que homens presunçosos, duros, machistas, insensíveis e até déspotas, querem uma mulher com essas características, mas não dá a contrapartida, como se a mulher não tivesse suas necessidades pessoais e não precisasse de mais nada além do que a comida que ele coloca dentro de casa.

Quando falo em virtudes para o homem, há várias qualidades do caráter dele que devem ser realçadas. A fim de que a sua qualificação seja conclusiva; elenquei cinco qualidades que não podem faltar em um homem virtuoso:

<u>Primeira - Cumpre o seu papel de macho</u> - Ao falarmos do homem e da expressão "macho", parece ser óbvio que uma coisa está associada a outra, mas digo que não! Hoje em dia com a doutrinação feminista, e a postura das mulheres que aderiram a esse modelo de vida, o resultado é a produção de homens frouxos, afeminados, que em vez de assumir o seu papel de macho na relação, estão ao invés disso competindo com as mulheres.

<u>Segunda - Assume os seus deveres de homem e não transfere para a mulher</u> - O homem de virtude, é aquele que sabe que o seu papel é ser líder, cabeça, sabe que há um comando a ser executado em sua casa e que este papel é dele, jamais vai transferir para sua esposa uma força que não lhe cabe e nem uma tarefa que não é dela como:

carpir o quintal, trocar as lâmpadas da casa, consertar tubulações de água e esgoto quando quebram cano de pia, trocar telhas da casa, buscar o botijão de gás e trocar pelo vazio adaptado ao fogão, limpar caixas de gordura, cuidar da piscina quanto tem etc. deve praticar o seu papel de homem assumindo as suas responsabilidades e se posicionar como cabeça. Cito mais uma vez os ensinamentos do kit discipuladores da Igreja em Ji-Paraná, quando fala sobre o "casamento" e relata o significado e responsabilidade do homem como cabeça:

> Ser cabeça significa assumir a responsabilidade geral da família. Ele deve buscar, com a ajuda de sua esposa, que a família se encaminhe para o propósito de Deus. O homem é responsável por: <u>Governar o lar</u> (I Tm.3:4 e 12). Governar com graça e amor. Ser o representante de Jesus para a sua família. Expressar o caráter de Cristo com a sua conduta. Não usar de autoridade para impor sobre a família os seus próprios caprichos (Mt.10:43). <u>Trabalhar para prover o sustento da família</u> (Gn.3:19) I Ts.4:11-12 e I Tm.5:8); <u>amparar, cuidar e proteger a família</u> (Ef.5:29). Solucionar todas as dificuldades que surjam, com a ajuda do Senhor. Guiar a família a uma convivência amorosa e feliz, onde todos possam se desenvolver física, mental e espiritualmente. *(Igreja em Ji-paraná - Kit Discipuladores pág. 189 - Tema: Casamento - papéis dos cônjuges).*

<u>Terceira - Supre a sua esposa nas questões pessoais</u> - Esse é outro dilema, às vezes há maridos que tem dificuldades de entender que a mulher dentro da sua

programação, necessita cuidar da sua aparência, como retocar a maquiagem, fazer sobrancelhas, cortar o cabelo, pintar, fazer selagem e hidratação, dar manutenção nas unhas etc. se foi convidada para madrinha de um casamento, vai precisar de roupas e calçados novos. E não adianta o homem argumentar dizendo: Eu não preciso de nada disso vou com as roupas que tenho, e isso não vai me diminuir em nada! É certo que não diminui, mas muda a estética, e as mulheres precisam desta mudança estética em ocasiões como essas. No mesmo contexto "casamento", no Kit, há relatos sobre a beleza interior e exterior da mulher:

> A mulher se arruma para ser atraente e bem aceita. Isto não é pecado. Pelo contrário, Deus mesmo vestiu a criação de beleza e formosura. A mulher casada deve procurar ser atraente para o seu marido. É bom manter se jovem e bonita, tanto quanto possa. Cuidar do corpo, fazer ginástica, cuidar dos cabelos e vestir-se com simplicidade. *(Igreja em Ji-paraná - Kit Discipuladores pág. 193 - Tema: Casamento - papéis dos cônjuges).*

De fato, esta é uma necessidade que as mulheres têm, e que só poderá se concretizar em suas vidas, se tiverem um marido que reconhece e lhes dá o suporte necessário. Esse suprimento pessoal deve ser reconhecido e dado às esposas, e os maridos que fazem assim, estão fazendo o bem a si mesmo, pois, cuidando das suas esposas estarão cumprindo com o que disse o apóstolo no mesmo contexto em que os instrui a amar as suas mulheres, colocando inclusive, como já disse um parâmetro espiritual: *"como Cristo amou a Igreja e se entregou por ela"*. O apóstolo Paulo ensinando isto aos irmãos da Igreja de Éfeso diz: *"Assim devem os maridos amar a sua própria mulher como a seu próprio corpo. Quem ama a sua mulher ama-se a si mesmo. Porque nunca ninguém aborreceu a sua própria carne; antes, a alimenta e sustenta como também o Senhor à igreja; porque somos membros do seu corpo"* (Ef.5:28-29). Bem-aventurado é o homem que entende isto com propriedade, será considerado um homem de virtudes.

Quarta - Cumpre seu papel de sacerdote do lar - Esta com certeza é uma das qualidades que o homem deve levar a sério, ele deve ser o primeiro intercessor da sua esposa, como sacerdote, deverá apresentá-la a Deus sempre, orar pela sua boa conduta, pela sua saúde, por sua fé e por sua proteção, inclusive no mundo espiritual. Atualmente é comum vermos homens omissos em seu papel de homem, é o que chamo de "síndrome de Adão". Adão foi omisso em seu papel de homem, quando deixou a sua mulher só, depois de ter recebido de Deus a ordem de não comer do fruto da árvore do conhecimento do bem e do mal. Ele não desempenhou também o papel de sacerdote sobre a sua esposa, deixando-a exposta e foi aí que satanás entrou e aplicou o seu engano sobre Eva, corrompendo-a e depois ela corrompe o seu marido. Após pecarem, Deus aparece no jardim e questiona Adão, não Eva, a respeito do que tinha acontecido: *"E chamou o Senhor Deus a Adão e disse-lhe: Onde estás? E ele disse: Ouvi a tua voz soar no jardim, e temi, porque estava nu, e escondi-me. E Deus disse: Quem te mostrou que estavas nu? Comeste tu da árvore de que te ordenei que não comesses?"* (Gn.3:9-11). Por que Deus cobra de Adão e não de Eva, sendo que foi ela quem pecou? Adão fora estabelecido por Deus como cabeça, líder e autoridade sobre a sua esposa, ele deveria cuidar dela e não o fez. Como eu disse antes, os homens do nosso século foram tomados por essa síndrome, eles estão sendo omissos em sua virilidade, em seu sacerdócio e em sua liderança. Um homem virtuoso, jamais vai agir desta forma, estará sempre pronto a fazer o que Deus o designou que fizesse.

Dando sequência aos relatos do Kit discipuladores cito mais quatro responsabilidades:

Ser sacerdote para a família (Gn.18:19) Ensinar a Palavra de Deus, instruir, animar, edificar, repreender e corrigir. Ensinar principalmente com o exemplo. Assumir a responsabilidade principal na disciplina dos filhos (I Sm.3:12-13; Hb.12:7-9). Ter o papel principal na formação dos filhos homens. Especialmente depois dos oito aos dez anos. Afirmar os valores da sua masculinidade. Ensinar-lhes habilidades e trabalhos manuais, iniciá-los nos negócios, praticar esportes, dar educação sexual etc. Ocupar funções de liderança na

<u>igreja</u> (I Tm.2:11-14). *(Igreja em Ji-Paraná - Kit Discipuladores pág. 189 - Tema: Casamento - papéis dos cônjuges).*

<u>Quinta - Age como provedor da sua casa não deixando nada faltar </u>- Essa aqui, é inclusive a missão dada por Deus ao homem, ser o provedor da sua casa, ele deve saber que não é responsabilidade da esposa trazer o suprimento para sua casa, embora, como já disse, o mundo esteja tomado de mulheres feministas, que apoiam a ideia de que elas devam dar esse suprimento, essa não é responsabilidade da mulher que teme a Deus, que busca fazer a vontade de Deus, mas do homem, a mulher pode ajudar a complementar, quando for necessário, mas não é o seu papel. Quanto aos relatos sobre a ocupação da mulher, também está dito que:

> Há situações extremas. Caso a mulher precise sair para trabalhar, **isto deve ser visto como um mal necessário**, e nunca como um ideal. A ausência da mãe é muito prejudicial para o desenvolvimento dos filhos e do bem-estar da família. *(Igreja em Ji-Paraná - Kit Discipuladores pág. 191 - Tema: Casamento - papéis dos cônjuges).*

Essas situações extremas, relatadas no Kit discipuladores, são aquelas exceções que falei no capítulo 9 "Algumas exceções consideráveis". As quais se fazem necessárias em situações adversas ou momentos circunstanciais e de crise que a família possa passar.

<u>Sexta - Ama a sua esposa dando a ela primazia e proteção</u>; essa última está figurada, inclusive como um imperativo *"Vós maridos, amai as vossas mulheres..."*. Este imperativo foi colocado por Deus, com o que chamo de parâmetro espiritual quando o Senhor diz: *"... como Cristo amou a Igreja e a si mesmo se entregou por ela"*. O homem virtuoso é aquele que está disposto a morrer por sua esposa, ele dá a ela sempre o primeiro lugar e cerca-a de proteção. Os relatos no Kit discipuladores seguem falando de como o marido desempenha o seu papel:

A palavra grega que aparece em Efésios 5 é **"ágape"**. Refere-se ao **amor de Deus**. É um amor puro, sacrificial, perfeito e permanente. Por isso Paulo usa Cristo como exemplo. Cristo não é apenas o modelo, mas também é a fonte do amor. Somente através do seu amor em nós é possível amar como Ele amou. O homem que trata a sua esposa com amor faz o bem a si mesmo e fortalece a unidade do casamento. O verdadeiro amor não é apenas um sentimento, mas uma conduta. Por isso queremos assinalar cinco expressões práticas do amor do marido para com a sua esposa: Amabilidade, abnegação, compreensão, proteção (cobertura) (Ef.5:29) e romance (afeto conjugal) (Ct.7:10-13). *(Igreja em Ji-Paraná - Kit Discipuladores págs. 193-195 - Tema: Casamento - papéis dos cônjuges).*

O homem que procede assim estará com certeza cumprindo bem o seu papel, fazendo a vontade do Senhor, obedecendo a sua Palavra, sendo exemplo para seus contemporâneos e para a sua futura geração.

Esse é o homem virtuoso, que atende aos requisitos do homem que será capaz de encontrar a mulher virtuosa.

A Mulher Virtuosa de Provérbios 31

Capítulo 17
POSFÁCIO

Todos que conhecem bem de história geral sabem que o mundo sofreu uma terrível transformação por diversos movimentos que surgiram ao longo da sua história, os que mais se destacaram por sua adesão e avanço histórico foram: o movimento feminista, o movimento Hippie - paz e amor, propagado pelo festival de Woodstock e o movimento LGBT.

O movimento feminista lançou as suas bases no século XV, fortaleceu-se nos séculos XVII e XVIII, mas a sua ascensão se deu no século XIX. O movimento feminista contemporâneo surgiu nos Estados Unidos, na segunda metade da década de 1960, e se alastrou para diversos países industrializados entre 1968 e 1977. A reivindicação central do movimento feminista contemporâneo é a luta pela "libertação" da mulher, e como já vimos, alcançou grande parte dos seus objetivos pelas importantes transformações sociais que provocou, rompendo as barreiras do tradicionalismo e apresentando ao mundo uma mulher independente e empoderada. Outro movimento que causou uma ruptura no mundo foi o chamado movimento Hippie - paz e amor, propalado pelo famoso Festival de Rock Woodstock, ocorrido em agosto de 1969, nos EUA, marcou uma geração de jovens ligados aos ideais dos hippies e do rock and roll. Woodstock foi um evento embasado pelos preceitos contra cultura que pregavam, entre outras coisas, a paz e o amor, sexo livre e a subversão a família tradicional. O lema deste movimento era repetido incansavelmente, eles diziam: "amor livre", "faça amor, não a guerra", ou "ame a pessoa que está do teu lado". Essas ideias geraram um cenário cultural que hoje, tantos anos depois, resultaram em relacionamentos rompidos, famílias desfeitas e filhos que nunca conheceram ambos os pais. Estamos colhendo o que plantamos. Afinal, o chamado "amor livre" acabou não sendo tão livre assim. E essa filosofia constitui a principal causa de distúrbios emocionais e males físicos que muitos indivíduos infelizes carregam hoje. Falei sobre esse movimento em minha obra: "Divórcio e Novo Casamento à Luz da Lei de Cristo". Escrevi o seguinte:

> Foi um momento em que a manifestação dessa tal contracultura colocou um marco na história. Milhares de jovens se viram na liberdade de se expressarem da forma e do jeito que quisessem; parece que não havia mais nem um pouco daquele temor ensinado pelos pais, foi um momento em que a ideia de liberdade extinguiu de suas mentes a ideia da responsabilidade. Neste dia os

princípios da família foram comprometidos, o mundo sofreu uma completa mudança de rumo, aquela juventude de antes, nunca mais seria a mesma, pois a partir de então começava a corrida para a busca da chamada sociedade alternativa que trazia propostas como: A do amor livre, da desinibição corporal com a prática liberada do nudismo com aparência inocente e singela. O consumo explícito das drogas que, no entendimento daquela juventude liberava suas percepções; o visual premeditadamente desarrumado do pessoal, com suas roupas coloridas, mantas, cabeleiras majestosas; a substituição dos laços familiares pela comunidade grupal; a volta à natureza e a redescoberta da diversão, a liberação total de nascimentos de crianças, pois os hippies não se importavam com o planejamento familiar, assumindo plenamente o sexo e suas consequências; <u>o desrespeito pelas regras e valores predominantes na sociedade</u>, que eram perceptíveis na oratória dos líderes do festival, que não se preocupavam com os prejuízos que poderiam sofrer no futuro. (Moreira, Silmar – 2020)

À vista de todos esses fatos, como toda semeadura propõe a colheita dos seus frutos, o mundo foi atingido em cheio, aquelas ideias aparentemente tão inofensivas, provocou uma transformação social que ninguém jamais esperaria que acontecesse. Isso é o que continuei falando na minha primeira obra:

Esse legado alcançou as gerações futuras e chegou até os nossos dias; alguns princípios foram esquecidos e os padrões conservadores foram minados formando um cenário receptivo para o modernismo que temos hoje no mundo. Mas Deus continua firmando seu padrão nas palavras de Jesus: *"Aquele que tem os meus mandamentos e os guardam esse é o que me ama..." (Jo.14:21).* Os filhos dessa geração Woodstock, ignoraram qualquer tipo de autoridade e princípios para a prática de seus atos pecaminosos e com isso deixou o legado para as suas futuras gerações, muitos jornais e revistas da época reportaram a seguinte manchete "A juventude nunca mais será a mesma". De fato não estavam errados, a partir daí o mundo sofreu uma reviravolta, os pais passaram a não ter mais autoridade sobre seus filhos, os princípios conservadores foram ignorados e os padrões estabelecidos começaram a serem outros completamente avessos aos aprendidos em suas famílias. As pessoas precisam entender que "amor livre" não é amor verdadeiro, pois o amor verdadeiro requer compromisso, engajamento, responsabilidade, cumplicidade e prestação de contas. (Moreira, Silmar – 2020).

Outro movimento foi o LGBT, surgiu a partir da Rebelião de Stonewall, que aconteceu em 28 de junho de 1969, nos Estados Unidos.

Tudo começou na década de 1960, quando as leis dos Estados Unidos oprimiam e puniam a população LGBT, deixando-a excluída do processo de socialização. As ações policiais em bares frequentados por pessoas LGBT eram constantes, muitas vezes seguidas de prisões arbitrárias, revistas humilhantes e exposição pública. Em 28 de junho de 1969, os frequentadores do bar Stonewall se uniram contra uma dessas abordagens humilhantes, o que incentivou uma série de manifestações e confrontos por dias no bairro de Greenwich Village, em Nova York. A Rebelião de Stonewall, como ficou conhecida, é considerado o marco zero do movimento moderno pelos direitos humanos da comunidade LGBT. O ocorrido foi o estopim para a criação de movimentos sociais americanos que surgiram no mesmo ano, como a "Frente de Libertação Gay" e "Aliança dos Ativistas Gays". No dia 28 de junho de 1970 foi realizada a primeira marcha do Orgulho Gay, que comemorou as conquistas da comunidade LGBTQIA+ um ano após os protestos da Rebelião de Stonewall.

A luta pelo reconhecimento dos direitos da comunidade LGBTQIA+ começou em Stonewall, 50 anos atrás, e continua até os dias de hoje. Embora atualmente haja muitas redes e movimentos que trabalham para assegurar os direitos humanos da comunidade LGBTQIA+, ainda existem diversos desafios a serem superados. Em 2009, o Brasil lançou o Programa Nacional de Direitos Humanos III (PNDH III), que trouxe Objetivos Estratégicos voltados para a promoção da cidadania da população LGBTQIA+ como "a garantia do respeito à livre orientação sexual e identidade de gênero", "acesso universal a um sistema de saúde de qualidade" e a elaboração de "políticas de prevenção da violência". (https://www.fundobrasil.org.br/qual-e-a-importancia-do-dia-internacional-do-orgulho-lgbtqia+ - 2022).

Esse episódio é considerado o marco zero do movimento LGBT contemporâneo, e é comemorado mundialmente como o Dia Internacional do Orgulho

LGBTQIA+. O qual nos dias de hoje estendeu a sua sigla para "LGBTQIAPN+".

Todos sabem que os ideais deste movimento quando surgiu, eram tão inibidos e sem importância, que a sociedade da época entendia que era apenas um movimento isolado, as pessoas entendiam que não passaria de apenas uma tímida reivindicação, mas é aqui que mora o perigo, satanás, como já disse em outros momentos, não tem pressa em alcançar os seus ideais de longo prazo, ele sabe o ano, o dia, e a hora de desferir o golpe fatal. Embora esse movimento persistisse décadas após décadas, alcançou todos os segmentos da sociedade, hoje não é apenas uma ideia, um movimento ou uma bandeira que foi levantada, agora se tornou um status político e social, e está intrínseco na sociedade como uma ramnácea que estendeu os seus ramos por todos os lugares.

O século XIX foi o palco para a ascensão destes três movimentos e todos eles tinham um objetivo em comum, atacar frontalmente o projeto de Deus, a família. E em todos eles, a mulher foi alvo das mudanças propostas: <u>no "movimento feminista"</u>, a pauta era a sua libertação do domínio do homem, o que as feministas chamam de machismo opressor, ou dominação do homem sobre a mulher; o empoderamento feminino sem a existência de padrões patriarcais ou impostos pela sociedade, os direitos reprodutivos, e da sexualidade.

No "movimento hippie - paz e amor, [5] a sua liberdade e igualdade, somando-se a repulsa pela família tradicional. Até então, as mulheres ocupavam um papel de submissão ao homem e sua principal função era cuidar dos afazeres domésticos, administrar a sua casa, dedicar-se a sua família. Foi nesse contexto de rebeldia, proposto pelos hippies, que elas começaram a queimar sutiãs em praças públicas, o que, simbolicamente, queriam dizer que as mulheres não eram apenas um objeto sexual. No "movimento LGBT", a sua expressão de mulher trans com o direito de ser o que quiser ser, e o lesbianismo que levantou a proposta libertária para elas, das restrições dos seus corpos. O discurso desta pauta diz que a ordem obrigatória da heterossexualidade só será extinta à medida que o mundo for se lesbianizando, e que o lesbianismo é o único meio para a liberdade feminista tendo como seu objetivo final a extinção do homem enquanto classe. Percebe como satanás utilizando desses movimentos, provocou um reboliço social mundial?

Todo esse contexto histórico é para entendermos o quanto esta transformação atingiu o mundo e mudou a mente das mulheres, e o resultado da colheita está aí, o mundo repleto de mulheres feministas, liberais, dispostas a

---

5 - O movimento **hippie** foi um comportamento coletivo de contracultura dos anos 1960. O movimento, em sua essência, propõe uma crítica ao tradicionalismo e assim desenvolve um novo estilo de vida que repensa a relação das pessoas entre si e com o mundo. https://blog.stoodi.com.br/blog/historia/movimento-hippie.

agirem em conformidade com tudo o que o mundanismo e o modernismo apregoam. Mas, Deus insiste no padrão da mulher que Ele criou e procura nestes dias mulheres que estejam dispostas a vivenciarem este padrão. Portanto, entendemos aqui que a maior virtude da mulher de Deus, é a de manter, vestir e administrar a sua casa e não necessariamente se projetar na vida profissional, que deseja a sua independência e o seus projetos pessoais. Há aquelas que tentam fazer as duas coisas, assumir a sua carreira profissional, os seus estudos e ao mesmo tempo administrar a sua casa, cumprindo assim, com a dupla jornada, pode ser que algumas consigam executar essas duas tarefas, mas na maioria dos casos, uma tem sucesso em detrimento da outra.

Não estou aqui, tecendo críticas às irmãs que foram para o mercado de trabalho, o meu alerta é para aquelas que abandonaram completamente as suas casas e priorizaram a sua vida profissional, seus estudos e seus projetos pessoais; para essas, entendo que a melhor análise a ser feita, individualmente é: se faço assim, estou fazendo a vontade de Deus? Se a minha principal tarefa é a administração da minha casa, consigo fazer isso atendendo a vontade do Senhor, se optei por ter outro tipo de tarefa? Essas perguntas nos remetem a uma afirmativa de Jesus: "Nem todo o que me diz: Senhor, Senhor! entrará no Reino dos céus, mas <u>aquele que faz a vontade de meu Pai, que está nos céus</u>" (Mt.7:21). Nesta escritura, Jesus está dizendo que o Reino de Deus não é para aqueles que verdadeiramente declaram que ele é Senhor, não somente isso! Mas, para aqueles que o chamam de Senhor porque fazem a vontade do Pai que está no Céu. Então é razoável pensar que se Deus definiu qual é a minha missão, eu devo focar nessa missão sem me distrair com qualquer outro feito, por mais que seja nobre, ou possível de ser executado. Perceba que o que Jesus afirma no texto, é que Deus não vai considerar apenas uma declaração retórica, mas se a sua vontade foi obedecida.

Infelizmente vivemos em um mundo já conquistado por algumas filosofias feministas, sendo que algumas delas já foram incorporadas na sociedade como algo normal, e a atitude da mulher hodierna de não se comprometer com o papel de administradora do seu lar, de cuidadora e educadora dos seus filhos e do seu desempenho como esposa, optando primeiramente ao seu desempenho profissional, ao seu curriculum escolar e seus projetos pessoais, mostra o quanto ela aderiu a essa inversão de valores sem que isso lhe pese na consciência.

Há uma máxima que diz: "Se um indivíduo é levado a cometer publicamente um ato em contradição com seus valores, sua tendência é modificar tais valores para diminuir a tensão que lhe oprime".

Baseada nessa máxima a autora do livro Feminismo: Perversão e Subversão (Ana Campagnolo), quando fala sobre o aborto disse: "Se determinada mulher é contra o aborto, mas foi induzida ou acabou cometendo um, é de se esperar que ela passe a defender a legalização do aborto, para assim diminuir a incoerência. Para não parecer contraditória, ela muda seu pensamento ou seus valores". Ou seja, ela está dizendo que, deverá haver aqui ou o arrependimento "mudança de pensamento" ou a corrupção moral "mudança de valores".

O que as santas mulheres devem observar? O mundo com todo o seu sistema está sendo preparado por satanás, o qual tem quebrado padrões, princípios, desconstruído a família, mundanizado a igreja e roubado a fé de muitos, a sua cartada final com a igreja é provocar a apostasia no tempo do fim. Portanto, não andem segundo o curso deste mundo, mas procurem fazer a vontade do Pai, obedecendo rigorosamente a sua Palavra. Não é sem razão que a Palavra de Deus registra que essa mulher de virtudes, tem o bom testemunho da sua casa, os seus filhos e seu marido atestam a sua idoneidade a partir das suas obras, o seu marido a vê como uma mulher que embora havendo outras semelhantes a ela, ainda assim sobrepuja a todas. Não bastando o reconhecimento da sua casa, a Palavra nos diz que ela também é louvada por Deus, que dá testemunho da sua postura e dela se agrada a qual também recebe os elogios da sociedade.

O Senhor não levará em consideração o sucesso, os empreendimentos e projetos da mulher que escolher se projetar no secularismo, mas sim, a sua fé, sua santificação e sua obediência incondicional a Ele.

BIBLIOGRAFIA

ALMEIDA, João Ferreira de - A Bíblia Sagrada - Antigo e Novo Testamento Edição Revista e Atualizada (Imprensa Batista Regular do Brasil).

BERNARDIN, Pascal – Maquiavel pedagogo ou o Ministério da Reforma psicológica. 1ª Edição 2013 Rio de Janeiro/RJ. CEDET–Centro de Desenvolvimento Profissional e Tecnológico – Publicado por Vide editorial.

CAMPAGNOLO, Ana Caroline – Feminismo: Perversão e Subversão. 1ª Edição 2019. CEDET–Centro de Desenvolvimento Profissional e Tecnológico – publicado pela Vide Editorial.

KIT DISCIPULADORES – Material didático produzido pelo presbitério da Igreja em Ji-Paraná. Ji-Paraná – Rondônia.

MOREIRA, Silmar Silva – Divórcio e Novo Casamento à Luz da Lei de Cristo. 1ª Edição 2019. Ji-Paraná/RO SSM Edições.

FONTES DE PESQUISA - INTERNET

https://www.fundobrasil.org.br/blog/qual-e-a-importancia-do-dia-internacional-do-orgulho-lgbtqia-em-2022/?gad_source=1&gclid=CjwKCAjw9eO3BhBNEiwAoc0-jaiIIr79v_ws-HVYwRmx2P-YUB_Oy3siO3iCYrLFiW0aPKsuVo5wDRoCxF0QAvD_BwE

https://blog.stoodi.com.br/blog/historia/movimento-hippie
Movimento Hippie: entenda tudo sobre a contracultura de 1960! Saiba tudo sobre o movimento Hippie, a contracultura no mundo e no Brasil, Woodstock e comportamento dos jovens na década de 1960.

www.youtube.com/@bibliaterapia61 – O diabo pregando e cantando nas Igrejas: O espírito de Jezabel nas roupas.

AUTOR

Silmar Silva Moreira, nasceu em Vila Pereira Distrito da cidade de Nanuque/MG - 23 de Maio de 1961. Bacharelado e Licenciado em Teologia pela Faculdade de Teologia de Anápolis/GO.

Atualmente coopera como pastor na obra de Deus na Igreja que está em Ji-Paraná/RO.

Autor dos livros:

- O JUSTO, O ÍMPIO E AS PROVIDÊNCIAS DE DEUS;

- DIVÓRCIO E NOVO CASAMENTO À LUZ DA LEI DE CRISTO;

- COMO LÁGRIMAS NA CHUVA;

- VENCENDO A DEPRESSÃO COM O FRUTO DO ESPÍRITO;

- AS GUIDESTONES 1 - OS DEZ MANDAMENTOS DO MAL;

- AS GUIDESTONES 2 - A CULTURA DA MORTE E A NATUREZA

   PERVERSA DO PRIMEIRO MANDAMENTO;

- AS GUIDESTONES 3 - O FATOR COMUM;

- INTELIGÊNCIA ESPIRITUAL;

- POEMAS E POESIAS DE A-Z;

- ETERNIDADE - DOIS CAMINHOS E DOIS DESTINOS;

- O ANTICRISTO - O HOMEM DO PECADO, O FILHO DA PERDIÇÃO;

- O PODER DA RESSURREIÇÃO;

- O PODER DO SANGUE;

- A MULHER VIRTUOSA DE PROVÉRBIOS 31.

OBRAS DO AUTOR

Uma Análise sobre o divórcio à luz do mandamento de Cristo e os seus efeitos na eternidade da vida daqueles que optam por ele.

O autor narra nessa obra a história da sua luta com as agressões da DMD na vida do seu filho e fala da sua jornada de fé e esperança em Deus .

A depressão, um inimigo tão voraz fez parte da história do autor e sua esposa no pós-luto. Nesta obra são apresentadas as soluções para vencer esse terrível mal e se livrar das suas consequências.

Essa obra, traz um tratado teológico acerca das escrituras cunhadas nas pedras guia da Geórgia. O autor faz uma análise profunda e escatológica do assunto e suas implicações para o futuro da humanidade.

OBRAS DO AUTOR

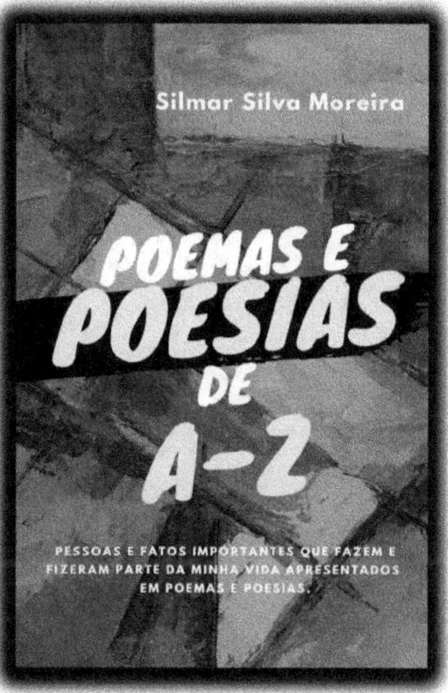

Nesta obra, o autor refuta a inteligência espiritual associada à espiritualidade e defende a ideia de que, ela está associada ao termo "espiritual" que busca a sabedoria Divina para o cumprimento da vontade de Deus, o Criador.

POEMAS E POESUIAS DE A-Z, é uma obra literária onde o autor relata de forma poética as suas experiências e os episódios vivenciados ao longo da sua vida, com exaltação e louvor a Deus.

TRILOGIA
AS
GUIDESTONES

AS
GUIDESTONES 1
e os Dez Mandamentos do Mal.
Os mandamentos satânicos da Nova Ordem Mundial e a implantação do controle total para à instauração de um governo único.
Silmar Silva Moreira

AS
GUIDESTONES 2
A Cultura da Morte e a Natureza Perversa do Primeiro Mandamento.
Os artifícios e mecanismos impetrados pela cultura da morte para promover a redução da população do planeta, a implantação do controle total, e instalação da Nova Ordem Mundial.
Silmar Silva Moreira

AS
GUIDESTONES 3
O Fator comum, a suposta defesa ambientalista e a criação da Religião Global.
As intenções por trás dos princípios da Carta da Terra, para a suposta preservação ambiental, com a promoção do ecologismo e a pretensa criação de uma única religião, corroborando para o controle total e a Nova Ordem Mundial.
Silmar Silva Moreira

OBRAS DO AUTOR

A proposta desta obra é elucidar sobre a existência do céu e do inferno, bem como sobre o caráter eterno de cada um e desafiar o leitor a meditar sobre a sua eternidade.

Nesta obra, o autor fala da manifestação do anticristo, expondo os sinais que o precederão e os fatos que já estão acontecendo no mundo atual, com um tom de alerta para todos.

A Mulher Virtuosa de Provérbios 31

OBRAS DO AUTOR

O Poder da Ressurreição é uma obra onde o autor mostra como a ressurreição de Cristo provocou efeitos que alcançaram todo o universo e como os seus benefícios são aplicados na vida do homem, desde a restauração da sua fé, até a sua eternidade com Deus.

O autor, fala sobre o poder do sangue trazendo fatos desde a sua fisiologia, levando o leitor a uma viagem histórica, que vai desde a sua necessidade no Éden, o derramamento do sangue de Abel; a substituição de Isaque no monte Moriá, o livramento do anjo da nas casas dos hebreus, a instituição do sangue como Lei no monte Sinai e Finalmente o derramamento do sangue de Cristo, como cumprimento de tudo o que fora dito a seu respeito: na Lei, nos profetas e nos salmos.

VENDAS NAS
PLATAFORMAS

BRASIL

amazon.com.br
https://www.amazon.com.br

EUA

amazon.com
https://www.amazon.com.br

Clube de Autores
https://www.clubedeautores.com.br

www.ingramcontent.com/pod-product-compliance
Lightning Source LLC
LaVergne TN
LVHW020735200726
843506LV00009B/765